文化视角
下的儿童汉语教学法探究

吴思敏 / 著

吉林大学出版社
·长春·

图书在版编目（CIP）数据

文化视角下的儿童汉语教学法探究 / 吴思敏著. —长春：吉林大学出版社，2021.9
ISBN 978-7-5692-8801-8

Ⅰ.①文⋯ Ⅱ.①吴⋯ Ⅲ.①汉语－对外汉语教学－儿童教育－教学法－研究 Ⅳ.① H195.3

中国版本图书馆 CIP 数据核字（2021）第 182457 号

书　　名：文化视角下的儿童汉语教学法探究
WENHUA SHIJIAO XIA DE ERTONG HANYU JIAOXUEFA TANJIU

作　　者：吴思敏　著
策划编辑：邵宇彤
责任编辑：赵雪君
责任校对：代红梅
装帧设计：优盛文化
出版发行：吉林大学出版社
社　　址：长春市人民大街 4059 号
邮政编码：130021
发行电话：0431-89580028/29/21
网　　址：http://www.jlup.com.cn
电子邮箱：jdcbs@jlu.edu.cn
印　　刷：定州启航印刷有限公司
成品尺寸：170mm×240mm　　16 开
印　　张：12.75
字　　数：210 千字
版　　次：2021 年 9 月第 1 版
印　　次：2021 年 9 月第 1 次
书　　号：ISBN 978-7-5692-8801-8
定　　价：65.00 元

版权所有　　翻印必究

前 言

随着中国软实力的不断增强,汉语在世界范围内传播开来。在过去西方生产革命和资本主义发展,以及资本主义国家向外进行政治、经济和文化扩张的影响下,东方人因崇拜西方的繁荣而积极地学习西方语言和西方文化。因此,可以说英语已成为世界通用语。从20世纪80年代开始到现在,中国在各领域快速且稳健的发展以及与世界各国间日益密切的交流使中国的影响力遍及世界,世人开始密切关注中国,为了进一步加强与中国在各方面的合作,他们需要顺利地与中国人进行交流,并了解中国人和中国的文化,于是学习汉语成了第一要务。跨入21世纪,世界各地的汉语热持续升温,海内外的汉语教学事业蓬勃发展。以成人为对象的汉语教学,无论是在国内还是国外都发展得比较成熟,无论是研究还是实际应用,无论是汉语教学学科发展还是汉语文化事业的发展,都体现出了一定的水平。

但是,近年来随着中国经济、文化的不断发展,汉语热的扩散,以及社会对多语言人才的需求,境外汉语教学逐渐呈现出教学对象低龄化的趋势。就如昔日非英语国家的人学习英语一样,非汉语国家有很多人从小就开始学习汉语了。在海外,很多父母希望孩子从小就学习汉语和接触中国文化。所谓有需求就有供给,学校课后兴趣班、儿童汉语培训班、儿童汉语家访教育、儿童汉语教材以及媒体学习资源等随之出现了。儿童汉语教学起步较晚,至今相关的研究和开发的课程及教材虽然不少,但离成熟还有很大一段距离,与其发展需求相对应,其发展空间也相当大。

笔者在观察了儿童汉语教学的现场,查阅了儿童汉语教学的教材以及与儿童汉语教学相关的研究成果后,发现儿童汉语教学一如既往地把教学重点放在了"语言"上,即使在一些教材里编有文化栏目或在课堂教学中有文化环节,但终归是将"语言"与"文化"分离开来的,甚至是把文化视为语言的附属。而笔者认为语言与文化是统一的,如今的汉语教学不能只是为了语言而语言,为了文化而文化,必须坚持语言与文化的统一,必须关注如何在培养学习者汉语学习能力的同时帮助他们建立起文化意识。儿童汉语教学尤为如此,主要原因有四点:第一,儿童是个特殊的群体,儿童在不同阶段有不同的特点;第二,语言习得有其过程,文化理解和适应也要有过程,所以在儿童阶段进行"输入"有着深远的影响;第三,为语言而学语言,难免枯燥乏味,"有血有肉"的教育才更有趣;第四,儿童汉语教学作为儿童教育的一种,"单轨道"的知识"输入"无法满足素质教育。由此,笔者从文化视角对儿童汉语教学及其方法进行了探讨,主要围绕"儿童"和"汉语教学"展开。在这个过程中,笔者不仅参考了语言学、教育学及儿童心理学的研究理论及实验结果,整理分析了相关的语言与文化资料,还将当下韩国儿童汉语教学作为具体的案例进行分析。通过对韩国儿童汉语教学的现状、儿童汉语教学领域的研究状况、儿童汉语教学存在的相关问题及潜在解决方案进行研究与分析,详细阐述了笔者的观点,以便读者更好地理解。

目 录

第一章　汉语教学　/　001

第二章　儿童汉语教学　/　004

  第一节　儿童的定义和范围　/　005

  第二节　儿童汉语教学现状　/　006

  第三节　儿童汉语教学的相关研究　/　011

第三章　文化视角与儿童汉语教学的关系　/　013

  第一节　语言与文化的关系　/　014

  第二节　文化教育与语言教育的关系　/　016

  第三节　儿童语言发展理论的考查　/　017

  第四节　外语教学法的考查　/　021

  第五节　儿童汉语教学中的国别化　/　026

  第六节　文化－语言建构与汉语学习的关系　/　032

  第七节　多元智能理论的考查　/　034

第四章　文化视角下的儿童汉语教学法　/ 038

第五章　文化视角下的韩国儿童汉语教学法　/ 042

　　第一节　以韩国儿童为对象的汉语教学法　/ 043

　　第二节　六种教学法的排序和依据　/ 044

第六章　童谣教学法　/ 049

　　第一节　童谣的概念　/ 050

　　第二节　童谣的特征　/ 051

　　第三节　童谣与儿童汉语教学的关系　/ 054

　　第四节　文化视角下的韩国儿童汉语教学之童谣教学法　/ 060

第七章　诗歌教学法　/ 075

　　第一节　诗与乐　/ 076

　　第二节　儿童汉语教学中诗歌教学法的意义　/ 076

　　第三节　儿童汉语教学之诗歌选取　/ 078

　　第四节　文化视角下韩国儿童汉语教学之诗歌法运用　/ 082

第八章　绘本教学法　/ 094

　　第一节　什么是绘本？　/ 095

目 录

　　第二节　绘本教学法于儿童汉语教学之意义 / 096

　　第三节　韩国儿童汉语教学中绘本的"选"与"用" / 104

第九章　游戏教学法 / 116

　　第一节　游戏与儿童教育的关系 / 117

　　第二节　儿童汉语教学之游戏教学法 / 119

第十章　经传教学法 / 134

　　第一节　关于《三字经》的教学 / 138

　　第二节　关于《千字文》的教学 / 149

　　第三节　关于《论语》的教学 / 156

第十一章　四字成语教学法 / 167

　　第一节　韩国儿童汉语教学中四字成语教学法的必要性和意义 / 168

　　第二节　韩国儿童汉语教学中四字成语教学法的运用 / 171

结语 / 183

参考文献 / 187

第一章

汉语教学

汉语教学应当包括将汉语作为母语的教学，以及在国内或国外将汉语作为第二语言的教学。汉语作为第二语言的教学对象可以是外国人，也可以是国内各少数民族。本书探讨的儿童汉语教学法适用于以儿童学习者为对象的将汉语作为第二语言的教学。下边出现的"对外汉语教学"也包含在"汉语作为第二语言的教学"之内。

汉语作为第二语言的教学自古就有。不同民族、不同国家之间的交往，如经济、政治往来，宗教的传播，边境地区人们的混杂居住和交流等是对外汉语教学产生的最初原因。西汉时期，汉武帝派张骞两次出使西域，使汉朝与西域各国建立起友好关系，并积极开展了与西域各国的文化交流，从那时起就有外国人开始学习汉语了。魏晋南北朝时期，随着佛教传入中国，很多西域来的佛教僧侣为了讲经布道，开始学习汉语，不仅如此，为了学习中原文化和儒家经典，西域各国已经开始了作为第二语言教育的汉语教学。到了隋唐时期，由于中外间频繁的经济、文化、政治交流，汉语学习者不仅有商人和僧侣，还有外国政府官方派遣的使节和留学生，当时以外国人为对象的汉语教学呈现出兴盛的局面。到了元朝，强悍的蒙古人踏着铁骑向四面拓展疆域，统一了亚欧大陆，与东北亚和东南亚国家之间的联系也进一步加强了。当时的元大都汇集着来自各国的使节、传教士、商旅，多文化交流的盛况超越历代，中国和欧洲之间的大规模交流也由此发展开来。这个时期作为第二语言教育的汉语教学无论是在国内还是海外，都有了进一步的发展。以当时的北京话为标准音而编写的，专供朝鲜人学汉语的课本《老乞大》就诞生于元末明初。进入明清时期，海上丝绸之路的发展与欧洲航海事业的兴起和兴盛，使亚欧之间的交流有了新的突破和发展。一大批传教士来到中国，为了传教，他们积极地学习汉语、汉文写作和中国文化。罗明坚、利玛窦、金尼阁、汤若望、南怀仁、马若瑟等都是这一时期的代表人物。与此同时，清朝中前期就已经出现了赴欧洲传授中文和讲授中国文化的对外汉语教师，他们主要是被传教士带往欧洲进行培养的中国信徒。到了清朝中后期，也有一些以留学为目的赴海外并在当地兼授汉语课的中国人。从辛亥革命之后到20世纪上半叶，由于战争不断，局势动乱，经济萧条，世界范围内学习汉语的人数非常少，汉语教育和汉语学习的资料也不多见。虽然在"十里洋场"的上海、南国门户的广州，外国使团驻扎的北京和南京以及抗战时期的重庆仍有对外国人进行汉语教学的活动，但国内很少有人将之作为一门学科进行研究和发展或是作为事业给予鼓励和提倡，组织汉语教学的政府机关、民间机构当然也就少之又

第一章　汉语教学

少了。只有一些因中外交流需要通过民间渠道出国任教的中国教师和因个人兴趣来中国留学的学者。学者们一般将中华人民共和国成立以来的对外汉语教学历程划分为三个时期或四个时期。吕必松（1990）将之划分为四个时期：20世纪50年代为初创期，20世纪60年代为巩固和发展期，20世纪70年代为恢复期，20世纪80年代以后为蓬勃发展期。程裕祯（2005）和张西平（2009）将之划分为三个时期：20世纪50年代至70年代后期为事业开创时期，20世纪70年代末至80年代末为学科确立时期，20世纪90年代以后为学科发展和深化时期。开创时期又包括三个发展阶段：20世纪50年代至60年代初是初创阶段，20世纪60年代初至60年代中期是巩固和发展阶段，20世纪60年代中期至70年代后期是受挫和恢复阶段。程裕祯老师的《新中国对外汉语教学发展史》和张西平老师的《世界汉语教育史》都有指出每个阶段对外汉语教育领域的重要事件。笔者认为这样的时期划分不仅是我国对外汉语教学事业及学科发展脉络的反映，也是国际社会对中国和汉语的关注程度以及需求变化的反映。换言之，汉语作为第二语言的教学和教学事业的发展是内外因共同作用的结果。进入21世纪以来，作为第二语言的汉语教学在海内外呈现出繁荣局面。这种繁荣局面不是一朝一夕成就的，而是与中国长期以来在政治、经济、文化领域的发展以及与世界各国的交流密切相关的。在此，笔者认为有必要提及以下几个重要的事件：1972年美国总统尼克松访华打破了东西方的冷战局面；1979年中美正式建交，结束了中美间长达30年之久的不正常状态；1978年十一届三中全会后中国开始实行对内改革、对外开放的政策，从此中国经济迅速发展并积极加强与外界的交流与合作；1987年国家对外汉语教学领导小组成立，其积极推广汉语和中国文化，促进了对外汉语教学事业的发展。2001年11月，世界贸易组织（WTO）第四次部长级会议作出决定，接纳中国加入WTO，此事件成了中国经济腾飞的加速器。中国成了世界的工厂，经济发展带动了各行业、各领域之间的交流，中国人遍及世界各地，世界各国各界人士都纷纷将目光投向中国，有越来越多的人加入汉语学习的行列中来，也有越来越多的人加入汉语教学的事业中来。2004年，国家汉办在海外设立了第一家"孔子学院"。截至2016年12月，全球140多个国家建立了512所孔子学院、1073个孔子课堂，加快了汉语及汉文化走向世界的速度。

以上是对汉语教学历史的回顾及其新时期发展阶段的划分及现状的介绍，通过以上分析可以使人们了解汉语教学的大环境。本书的研究对象为汉语教学，下面主要从文化视角来研究儿童汉语教学的方法。

第二章
儿童汉语教学

第二章 儿童汉语教学

第一节 儿童的定义和范围

从世界范围来看,"儿童"的发现始于欧洲。20世纪60年代,法国历史学家菲力普·阿利斯的巨著《"儿童"的诞生》指出中世纪的欧洲没有真正意义上的儿童,也没有过儿童的时代,那是因为人们只关注了短暂的幼儿期的特殊性,而忽视了儿童在每个阶段的特殊性,把儿童当作缩小的成人来看待了。17世纪英国哲学家、教育家和思想家洛克在他的《教育漫话》中提出了著名的"白板说"(theory of tabula rasa)。"白板说"只看到了后天教育对儿童的作用,而忽视了儿童心灵的能动性。到了18世纪,法国思想家卢梭的著名教育著作《爱弥儿》问世,"儿童"在欧洲也就被发现了。而东亚地区"儿童"的发现比西方晚了100多年。日本"儿童"的发现始于19世纪后叶的"文明开化运动";中国"儿童"的发现始于1919年五四运动;韩国"儿童"的发现始于1920年小波方正焕的《儿童》创刊。自"儿童"的发现开始,儿童已不再是成人的附属品或缩小版,而是被作为独立的人来看待,有自己的特性、思想、文化和自己的世界。因此无论是以儿童为对象的作品还是以儿童为对象的教育,都应该把视线聚焦在"儿童"上面,应该把握儿童的特点,理解他们的世界,感知他们的心灵,符合他们的水准。探讨儿童汉语教育,首先应该关注"儿童",确定作为研究对象的儿童的范围。

《联合国儿童权利公约》(Convention on the Rights of the Child)把未满18岁者都看作儿童。根据这一公约,中国制定的《未成年人保护法》也将儿童的年龄范围限定为未满18岁。而中国的邻国韩国在其《儿童福祉法》中将儿童的年龄范围规定为未满18岁,但是其国家出版的各种《国语大辞典》都将儿童的年龄范围缩小了,它们将"儿童"定义为"大约3~12岁的孩子"或是"小学阶段的孩子"。心理学界还有学者将儿童期具体分为六个阶段:0~1岁是婴儿期,1~3岁是幼儿前期,三岁到六岁是幼儿期,七岁到十二岁是小学生期,十三岁到十五岁是少年期、十六岁到十八岁是青年早期。本书的研究对象是从满3岁到满12岁的儿童,笔者将这个年龄范围分为三个阶段。首先将儿童分为满3岁到5岁的学前儿童,也就是我们通常说的幼儿园儿童和满6岁到12岁的小学年龄的儿童,也就是我们通常说的小学生。再把小学年龄的儿童分为低年级儿童(1~3年级儿童)和高年级儿童（4～6年级儿童）。其实还可以将小学年龄的儿童细分为低年级（1～2年级），中年级（3～4年级），高年级（5～6年级）。这是由于儿童在生长发育的过程中，每个阶段都会表现出不同的特征、心理状态、语言能力和认知水平。

第二节 儿童汉语教学现状

随着中国国力日益强大，加之世界"全球化"步伐的加快，以汉语学习为中心的"汉风"已拂过世界的每个角落。作为第二语言的汉语教学对象已经出现了向"低龄化"扩展的现象。笔者认为汉语教学对象低龄化现象是必然的。儿童是一个国家的未来，也是人类的未来，全球化的社会需要复合型、专业型人才。中国不仅是个有着丰富的历史文化的东方大国也是正在以和平方式崛起的强国，在未来的世界格局中中国还将继续处于非常重要的位置。学习汉语和了解中国文化，尤其是从儿童时期开始学习，无论对个人还是对整个社会来说都是有益的。加之研究表明儿童期是语言发展的重要时期，也是学习第二语言的黄金时期，儿童期的汉语学习意义重大。那么，儿童汉语教学及其研究现状如何呢？

上一节中提到了截至2016年底的统计，全球有1073所孔子课堂。相较2013年的644所，增长了400多所。而正如我们所知，孔子课堂则是以海外中小学为主要依托，由此就可以看出海外中小学汉语教学的发展之快。在海外，很多中小学也开设了汉语课或汉语项目，还有很多以中小学生为教学对象的各类教育机构。下面将通过一些调查研究来大体了解一下海外儿童汉语教学的现状。

我国前教育部长周济在2008年孔子学院大会上的工作报告中总结到"截至2008年，美国开设汉语课的中小学从3年前的200所增加到1 000多所，学习汉语的中学生从2万人增加到13万人；泰国已有1 000多所中小学开设汉语课程，在校学习人数达30多万；英国开始汉语课的公立中学由2004年的150所增加到500所，学习汉语的中学生达7万多人；俄罗斯开设汉语课的公立中小学从2004年的50所增加到2007年的150多所，学生从5 000人增加到1.5万人；法国360所主流中小学开设了中文课，学习汉语的学生达2.2万名"。（周济，2009）据华盛顿应用语言中心2007年的统计，美国至少有27个州在小学、初中或高中开设了汉语课，全国至少有12

所公立和私立学校的大部分课程用汉语普通话讲授。(陈一,2007)时隔13年,汉语作为第二语言的教育在世界越来越多的国家受到瞩目。据中国教育部官员透露,截至2020年底,全球共有180多个国家和地区开展中文教育,70多个国家将中文纳入国民教育体系,外国正在学习中文的人数超过2000万。(粟裕,2021)近五年来,全球参加YCT、HSK等中文水平考试的人数达4000万人次。(中外语言交流合作中心,2021)疫情期间举办的国际中文水平考试居家网考中,仅俄罗斯圣彼得堡考点就有130多名小考生参加了YCT三个级别的考试。(汉考国际,2021)

徐彩华(2016)通过海外调研和梳理相关资料发现当前欧美主流小学中的儿童汉语教学项目有双语项目、体验项目和沉浸式项目3种。其中双语教学项目最为普遍,根据各地中小学第二语言政策不同,课时不尽相同。如果设为必修课,至少每周有30～45分钟,学生通常坚持学习2～3年甚至更长时间。汉语体验项目的课时很少,有的学校两周1课时,有的学校两周1.5课时,目的是让孩子接触汉语和中国文化,对语言学习方面的要求比较低,教学以语言和文化体验活动为主。沉浸式汉语项目则相反,课时非常充足,学生有一半的在校时间用来学习汉语或者用汉语来学习其他学科,其目的是使学生的第二语言达到流畅交流和较高的读写水平,所以对汉语口语和汉字教学的要求都非常高。

吕婵(2016)考察了美国中小学汉语教学的两种模式。社区汉语教育和沉浸式汉语教育。社区中文学校是美国教授中小学汉语历史最悠久且涉及学生人数最多的一种教学模式,但自19世纪末第一所中文学校在旧金山地区创立以来,中文学校的教学就大多服务于华裔人群,美国主流社会对其了解甚少,联邦或州立政府对其资助几乎为零,近年来学生人数也有所下降。而沉浸式汉语教育项目开始于1981年,大规模地在美国公立小学的发展始于2010年,目前发展最为迅速,全美共有208所学校提供普通话沉浸式项目。

苗强(2019)提到美国亚特兰大州的一所知名国际学校伟思国际学校共有学生2000多人,其中有700多人在学习汉语,覆盖了K-8各个年级。该校各年级每天都有一节汉语课,每节课45～55分钟,各个年级均不使用固定的汉语教材,讲义均为学校教师自编。

朱锦岚(2012)根据德国的研究数据提出德国中小学汉语教学的历史已久,但其真正的发展起步于19世纪80年代,2003年以后持续增长,截至2011年,全德至少有232所中小学开设了汉语课,学习汉语的中小学生大约在1～1.5万人。与中国中小学建有校际交流关系的学校截至2007年的统计数据当时已达到144所。

张靖哲（2017）指出目前英国有25所孔子学院，92所孔子课堂，数量位居欧洲之首。英国国内教育环境方面，2013年英国教育大臣宣布修改英国教学大纲，将现代外语定为英国学生的必修课，并从2014年9月开始实施。自此现代外语中的汉语也成了基础课程的一部分，正在逐渐进入中小学。此外相较于大多数的公立中小学，英国私立中小学的资源更加丰富，在开设中文课程方面也更加积极。

白鹭（2012）提到澳大利亚比美国提早30年将汉语课程纳入高考系统，其中小学汉语教学发展得十分迅速。方菲（2014）谈到新西兰有3所孔子学院，近几年越来越多的中小学生开始学习汉语且他们学习汉语的主要原因是为了接触中国文化。戴祖国（2016）利用在泰国当地的中小学担任中文教师的机会对泰国中小学的教育现状进行了实地调查研究，发现147所学校中学习汉语的学生人数达近15万人，占总人数的65%，从而推定汉语教育在泰国中小学的普及程度比较高。

从以上的资料可以看出现有的大部分研究是有关海外中小学汉语教学状况的。笔者也在国内外的学术网站及期刊上进行了搜索，发现无论是在国内还是国外有关儿童汉语教学状况的调查及研究资料都非常少，这些数量不多的研究中大部分也不是针对小学或学前儿童汉语教育的，而是把小学和中学阶段的儿童汉语教育作为研究对象来研究的。换句话说，笔者发现有关儿童，包括学前儿童（3~5岁）和小学学龄儿童（6~12岁）的专门的汉语教学现状调查及有针对性的儿童汉语教学研究几乎没有。所以，在本书中，笔者想为大家介绍一下韩国的儿童汉语教学现状。一是为给后面的教学法探究部分做铺垫，二是为了通过展示韩国的儿童汉语教学现状及问题，强调儿童汉语教学研究的重要性与必要性。

中国与韩国不仅是邻国，而且属于同一个东方文化圈，从很久以前就相互联系和相互影响。虽然自1894年甲午战争爆发后，韩国由于经历了从1910年到1945年，36年间的"日帝强占期"和第二次世界大战后的"东西冷战期"，与中国之间的往来沉寂了近40年。但两国在悠久的历史文化长河中积淀下的深厚联系却是从未也无法割断的。自1992年中国与韩国恢复正常外交关系以来，两国的交流日益频繁，进入21世纪，两国更是在政治、经济、社会、文化等各领域积极紧密合作。随之，"韩流"流入了中国，"汉风"刮向了韩国。2004年，海外第一家孔子学院在韩国成立，从此"汉语热"在韩国持续高温，以儿童为对象的汉语教学也开始发展并迅速升温。

第二章 儿童汉语教学

韩国儿童汉语教学机构可以分成三类：幼儿教学机构、初等教育机构和私立教育机构，其中最早受"汉风"影响的是私立教育机构。2003年以来，以儿童学习者为对象的私立汉语教育机构逐渐增加，这些教育机构主要包括：家教、专门辅导班、家访教学、网上课堂、私立学院和文化中心等几种类型。在数量庞大的私立汉语教育机构中JRC语学院、时事中国语学院、解法中国语学院、文康中国语学院、彩虹中国语等规模比较大、品牌比较持久、体系比较完整，具有代表性。在私立教育机构汉语教育之后受汉风影响并迅速发展起来的是初等教育机构汉语教育，它使得儿童汉语教学在全韩范围内传播开来。自2006年起，首尔市教育厅推进"课后学校"并在初等学校开展特技性活动项目，使得开设汉语教育的学校逐渐增多。"课后学校"推进的第二年，2007年，全国5854所初等学校开设了1714个第二外国语项目，其中1456个是汉语教育项目。2014年的数据较2007年翻了两倍多，汉语教育项目达到了3746个。此后初等教育机构的数量也有所增加。根据2017年的教育统计数据可知，现在全韩国有6 040所初等学校，其中国立初等学校17所，公立初等学校5 949所，私立初等学校74所。初等学校学生数在2017年当年已达到2 674 227名。随着中国对韩国的影响及汉语传播的速度，越来越多的初等学校在第二外国语项目中开设汉语教育项目。虽然目前国立和公立初等学校还未将汉语列为正规必修科目，但从2012年的调查数据来看，74所私立初等学校中有34所学校（정현주，2013）[①]已经将汉语列入正规必修科目中了，占学校总数的46%。（김규진，2012）在考察汉语课被纳入正规必修课程的教学对象时发现，68%的学校对全年级实行汉语教育，32%的学校仅对高年级的学生实行汉语教育。另外，观察周学时发现，大部分学校每周对学习者进行1～2小时汉语教育。태강삼육초등학교和경복초등학교采用"沉浸式教学方式"对学习者实行每周5小时汉语教育。（김현철、이경진、김주희，2012）到2015年相关数据有所增长，将汉语纳入正规课程的私立初等学校已达到42所，特别值得一提的是，位于首尔的39所私立初等学校中有22所学校把汉语作为正规必修课在运行。（김민영，

[①] 这34所将汉语纳入正规课程的私立初等学校有21所位于首尔，13所位于地方区域。在首尔的21所学校是：예일초등학교、은혜초등학교、동산초등학교、청원초등학교、선일초등학교、상명대부속초등학교、성동초등학교、화랑초등학교、경기초등학교、한양초등학교、광운초등학교、매원초등학교、세종초등학교、은석초등학교、태강삼육초등학교、한신초등학교、리라초등학교、계서초등학교、경복초등학교、성신초등학교、우촌초등학교。

2015）据以上调查数据可以推测未来会有更多的私立初等学校将汉语课纳入正规课程，随之以儿童为对象的汉语教育环境也正在并继续发生大的变化。但是现阶段韩国的初等教育机构汉语教育也存在着各种问题。金铉哲、李京镇、金珠熙（김현철、이경진、김주희，2016）对首尔市的 596 所初等学校中开设有汉语课程的 136 所学校进行了调查，发现教育大纲、课程时数、教育期间和师资都存在问题，儿童汉语教学的现状及条件还不能满足学习者的需求，不能使学习者很好地保持对汉语学习的兴趣。由此可知，儿童汉语教学还需要从"硬件"与"软件"两方面下功夫。笔者认为"硬件"与该国家的教育政策、对中国及汉语的重视程度、学校的教育理念和办学条件等有关，而"软件"，比如教学的内容和材料、教学的理论和方法则是可以依靠研究人员和教育人员通过研究与试验来解决的。

那么韩国在初等教育之前的幼儿教育机构（包括保育院和幼儿园）的汉语教育现状又是怎样的呢？幼儿教育机构的汉语教育也分为正规课程和正规课程外的特殊课程两种。师资方面一般是采取聘请外部讲师或利用能通汉语的本单位教师来进行教育。韩国国内有不少与幼儿教育机构合作的汉语教育机构，比较有代表性的机构有"乒乓乓""好娃娃""你好""时事""小胖""彩虹""来来"，等等。원혜경（2007）在调查了首尔江南区的 97 所幼儿园（包括国立、公立和私立）后发现其中有 19 所（占比 19.79%）正在实行汉语教育，19 所幼儿园中国立和公立的有 3 所，私立幼儿园有 16 所。김보람（2012）对首尔江北地区的 23 所幼儿园和城北地区的 41 所幼儿园进行调查后发现江北区有 5 所，城北区有 12 所幼儿园正在实施汉语教育。김민영（2015）对釜山地区的 337 所幼儿园与 295 所保育院进行调查后发现只有 6 所幼儿园和 5 所保育院在实行汉语教育。但是서금이（2004）对学生家长及潜在学生家长各 100 名进行了访问和问卷调查发现 76% 的学生家长和 84% 的潜在学生家长对早期汉语教育十分感兴趣。민혜영（2013）对首尔地区 10 所，仁川地区 33 所，京畿道地区 26 所，庆尚道 16 所，忠清道 8 所，全罗道 4 所，共 97 所幼儿园和保育院进行调查后发现有 22 所正在实行汉语教育，占比 22.9%，并在对其余 74 所进行问卷调查后发现其中 50 所希望在具备进行早期汉语教育的良好环境时开展汉语教育。此外，2017 年韩国官方最新统计资料显示，全韩有 41 084 所保育院和 9 029 所幼儿园，这就意味着幼儿年龄阶段的儿童数量之多。但目前韩国的幼儿汉语教育还未全面活跃起来，只是以首尔及首尔周边地区为主，部分发展起来，这与人们对汉语教学的渴望及需求是不相符的。在韩国儿童汉语教学的发展是重要的，儿童汉语教学市场

是广大的，其发展空间非常可观，而现阶段的儿童汉语教学还有很多问题需要通过更多的研究和试验去解决。

综观前文的海外中小学汉语教学现状与韩国的儿童汉语教学现状，笔者认为，作为第二语言的儿童汉语教学自进入 21 世纪以后在世界各区域迅速发展起来，但还没如英语教学那样普及与成熟，仍处于探索和发展阶段。但由于全球化的速度，东西方的交流与融合，中国世界位相的上升，以及世人对中国和汉语的瞩目，使得儿童汉语教学的远大发展有其必然性。为顺应趋势且满足儿童汉语学习的需求，对儿童汉语教学进行相关研究具有重大意义。

第三节　儿童汉语教学的相关研究

笔者认为儿童汉语教学的相关研究总体上包括两个方面，一是儿童汉语教材，二是有关儿童汉语教学方面的理论研究。先来看一下儿童汉语教材。

我国内地出版的面向海外的儿童汉语教材主要有北京语言大学出版社的《汉语乐园》《轻松学中文（少儿版）》《游戏学中文》《开开汉语》，暨南大学出版社的《中文》《幼儿汉语》《汉语》，北京大学出版社的《快乐时光幼儿汉语：韵文篇》《快乐时光幼儿汉语：绘画篇》《童趣汉语》《新中文课本》《我爱学中文》《汉语风》，世界图书出版公司的《听歌学汉语：儿童篇》《愉快学汉语》，华语教学出版社的《新儿童汉语》《快乐儿童汉语》，商务印书馆的《世界少儿汉语》，人民教育出版社的《快乐汉语》，外语教学与研究出版社的《新启蒙汉语》，上海外语教育出版社的《国际少儿汉语》，高等教育出版社的《体验汉语：小学学生用书》《汉语顶呱呱》《体验汉语（小学版）》等。其中《汉语乐园》被翻译和出版成 45 个语种在世界范围内广泛使用。《轻松学中文》《国际少儿汉语》《快乐汉语》和《世界少儿汉语》也受到广大教学人员和学习者的欢迎。《中文》和《新启蒙汉语》则在以华人子女为对象的汉语教学中频繁使用。

除我国国内出版的儿童汉语教材外，一些国家和地区也有当地出版社出版的儿童汉语教材。这些海外当地出版的儿童汉语教材因为比较符合当地的教育政策、教育环境和人们的习惯，所以也比较频繁地被选择使用。但从整体上来看，儿童汉语教材的种类和数量都不是很多，儿童汉语教材的科学性、实用性、趣味性和有效性还有待提高。笔者就韩国市面上销售的汉语教材做了一下统计。在韩国最大的图书网上输入"中国语"时搜索到 8 836 种教材，输入"儿童"时搜索到303种教材，输入"初等"时搜索到36种，输入"初等学校"时搜索到22种，输入"幼儿"时只搜索到2种。可以看出，儿童汉语教材在汉语教材中占有非常低的比例，幼儿汉语教材则是少之又少。不仅如此，与成人汉语教材相比较时发现，这些儿童汉语教材中的大部分与成人汉语教材在编写格式和编写方法上大同小异，并没有体现出"儿童汉语教学"应有的特色和体系。于是，笔者又对韩国市面上销售的英语教材做了一下统计，输入"英语"时出现了62 763种教材，输入"儿童"时出现了1 478种，输入"初等"时出现了3 677种，输入"初等学校"时有488种，输入"幼儿"时有563种。不仅如此，英语教材在内容和编写上明显呈现出多样性和趣味性。由此知道，儿童汉语教学还不够成熟，需要不断发展和壮大；汉语教材也需要有坚持不懈的研究作支撑而得以开发和优化。

再来看一下儿童汉语教学方面的理论研究。近10年来，国内的研究界出现了不少有关儿童汉语教学的研究论文，除期刊论文外，硕、博论文有500余篇。海外研究界也出现了一些有关儿童汉语教学的论文成果，比如韩国的研究界除期刊论文外，出现了150余篇硕、博论文。这些论文探讨了教育现状、教育政策和教育大纲、语言要素、语言功能、汉语二语习得、教育方法、教材、教学评价，等等。可以看出已经有很多学者开始或正在关注以儿童为对象的汉语教学了，但是总体来看，研究成果还不多，研究范围还可以拓展，研究对象还可以细化，研究方法还可以丰富，研究水平也还可以提高。只有增进在儿童汉语教学各方面的研究，才能从真正意义上实现"教"与"学"的科学化，推动儿童汉语教学长远发展，进而使汉语和中国文化走遍世界、走进人心。

第三章 文化视角与儿童汉语教学的关系

儿童汉语教学需要具有文化视角，文化视角在儿童汉语教学中具有必要性和重要性。这里的"文化视角"如何理解呢？儿童汉语教学为何要具备文化视角呢？笔者想从语言与文化的关系、文化教育与语言教育的关系、儿童语言发展理论、外语教学法、儿童汉语教学中的国别化、文化－语言建构与汉语学习的关系、多元智能理论等七个方面来考查和阐述这个问题。

第一节 语言与文化的关系

一、语言

中国《现代汉语词典》（中国社会科学院语言研究所词典编辑室，1998）将语言定义为"人类所特有的用来表达思想、交流思想的工具，是一种特殊的社会现象，由语音、词汇和语法构成一定的系统"。《剑桥国际英语词典》（普洛克特，1995）认为语言是"A system of communication consisting of a set of small parts and a set of rules which decide the ways in which these parts can be combined to produce messages that have meaning"。韩国《国语大辞典》（南广佑等，1991）写道："语言是表现思想、情感，进行意思疏通的声音或文字手段，其声音或文字是社会习惯体系。"综合而言，语言是由声音或文字按照一定规则形成的传达意思的符号系统。

二、文化

"文""化"两字最早出现在《周易·贲·象传》里，"贲,亨；柔来而文刚，故亨。分刚上而文柔，故小利有攸往"。《易经》曰："刚柔交错，天文也；文明以止，人文也。观乎天文。以察时变，观乎人文，"以化成天下。"文化"是"人文"与"化成"的合成语。"文"在此指所有的现象与形象。后来西汉时期的刘向在其《说苑·指武》中写道："圣人之治天下也，先文德而后武力。凡武之兴，为不服也；文化不改，然后加诛。"在此，"文"即文德之意，"化"即教化，也就是通过教育使人发生变化之意。由此可知，"文化"一词在古代汉语中是指凭借文德来教化人，使人的思想、观念、言行符合特定的礼仪和规范。但是发展到现代，中国《现代汉语词典》（中国社会科学院语言研究所词典编辑室，1998）将文化定义为"人类在社会历史发展过程中所创造的物质财富和精神财富的总和,特指精神财富,如文学、艺术、教育、科学等"。《剑桥国际英语词典》(普洛克特,1995)认为文化是"The way of life, especially general customs and beliefs of a particular group of people at a particular time"。韩国《国语大辞典》(南广佑等,1991)写道:"文化是社会成员习得、共享、传达的行为方式和生活方式的总体。与自然状态相对立。包括语言、风俗、道德、宗教、文学、艺术和各种制度。"综合看来,文化与人类及人类的生活联系在一起,因人类及人类的活动而产生,它包含着人类生活与生存的认识、理念和方式。

三、语言与文化的相互关联

语言与文化就如同硬币的两面,不可分离。语言不仅是文化的载体也是文化的一部分。语言反映出人类的生活和全部经验。对此,中国语言学家邢福义先生说"语言是文化的符号,文化是语言的管轨"。(邢福义,2000)语言的使用和分析与社会状态、对话人的社会背景及身份、语言学上被密码化的社会意义等紧密联系,不可分离。简而言之,语言及语言的具体使用不可脱离文化而独立存在和进行。文化的发展和传播对语言的形成与发展起促进作用的同时,语言的发展和丰富化也为文化的发展和传播提供了前提保障。克拉申(Kramsch,1998)归纳了语言与文化的关系——语言可以传达、表现和象征文化现实。笔者认为语言是人类意思疏通的符号系统,文化就是隐藏在符号后面的真正的意义。文化与人类的感知、认知、思想及习惯相联系,可以看作是语言的根据。

文化的传播与继承以语言和文字为基础。文化的记录和传播可以通过语言、文字作品或语言本身来实现。比如,通过《诗经》中的"菹"字可以推定当时已经有发酵食品了。通过舜帝的弟弟名"象",可以推测出当时的人已经知道有象这种动物的存在了。还有由日本华侨在福建地区"肉丝汤面"的基础上开发出来的海鲜面,因福建方言中"吃饭"一词的发音而得名"Champon(强棒面)"并在日本、韩国及中国台湾地区广泛流传。

一个国家或地区的语言反映文化的同时,也影响着该国家或地区的语言。美国文化人类学者 Franz Boas 在他的 *The Hand book of North American Indians* 的序文中谈到爱斯基摩语中有4个表现"雪"的词:"aput(地上的雪)""qana(从天而降的雪)""piqsirpoq(积雪)""qimuqsuq(雪块)"。后来经很多学者的研究发现,由这4个词变形和派生出的与雪相关的词超过了100个。这正是文化对语言产生的影响所致。中国人打招呼时常说"吃了吗",这是受中国人"民以食为天"的思想和发达的饮食文化的影响;英国人打招呼时常说"The weather is nice, isn't it",这是由于英国伦敦多雨,人们对天气的关心所致。还有一些禁忌语的产生也是受禁忌文化的影响。比如,明朝的吴地是经常使用渔船的水乡,而"箸"的发音同"住",因此受忌讳,被改作"筷",谐音"快"。

第二节 文化教育与语言教育的关系

上一节通过对语言与文化关系的观察和梳理就可以知道语言教育与文化教育必须双管齐下。特别是在第二语言教育中,语言与文化的通合教育很重要。语言与文化的通合教育可以使学习者在学习语言的同时有意识或无意识地接近和习得文化。对文化的认识和正确理解又可以促进语言的习得和提高语言使用的正确率,从而实现顺畅的跨文化交流。我们通常所说的用第二语言进行交流,其实是指文化间的交流。第二语言能力,也不只局限于语言知识,还包括能正确、恰当地使用语言进行交际的能力。美国语言学家、社会学家、人类学家和民俗家德尔·海姆斯(Dell Hymes)指出交际能力不是单纯地指符合语言规则,能很好地使用目的语的语言能力,它应该是包含学习者根据所处社会状况妥当使用语言的社会和文化能力的总和。英国语言学家拜拉姆(Byram)认为语言学习还应包含对语言基底上的社会、文化要素接纳与再生产的跨文化能力的培养。当然,跨文化交际不是对他文化的排斥或完全接受,而是去认识文化间的相同与不同,之所谓"明其然,而虑之",这里的"虑"意味着相互理解和从对方的角度来思考,从而相互作用,实现无误解的意思交流。

由于语言与文化紧密联系,语言与文化通合教育具有必要性和重要性,以及圆满的跨文化交流对语言知识、语用能力与文化能力的综合要求,儿童汉语的"教"与"学"也必须具备文化视角。语言不是"工具",所以不能为了语言而学语言。语言教学应该从文化视角来观察语言及其背后的社会文化环境,应该在帮助学生掌握语言技能的同时,帮助他们树立文化意识,增强语用与交流的能力。还需要强调的是儿童汉语教学比成人汉语教学更需要具备文化视角和文化意识。其原因有三:第一,比起机械的语言教育,从文化视角出发的语言-文化通合教育是有生命力的,它能激发儿童学习者的学习兴趣。爱因斯坦曾说过"兴趣是最好的老师"。兴趣是人类的自律机能和心理感情，它能从深层次诱导人类的行为。在儿童汉语教学过程中，从对文化的关注出发，引导学生接触和感知文化的语言，进而引发学生对汉语学习的兴趣并为长远的学习打下坚实的基础。第二，在文化视角下的语言－文化通合教育过程中，通过文化间的比较和联系，不但可以给予儿童接触和了解他文化的机会，还可以把他文化当作镜子，给予学习者深入观察和理解自身文化和语言的机会。如此，不知不觉中儿童的观察力、文化敏感性得以培养，认识水平也会有所提高。第三，文化视角下的儿童汉语教学，其功能不只是目标语国家的语言和文化的传授和传播，它还能通过语言本身的"美"和在语言背后作为支撑的"文化精神"，在儿童的心中播下"人性"与"世界观"的种子。将汉语作为第二语言的学习，绝不是学习无灵魂的躯壳，一定是从文化视角，进入语言，学习他国或他民族的优秀精神文化，了解不一样的人和他们的世界，从而开阔自己的世界观，适应多元文化社会的发展需求，并择其善者而从之，修身养性。

第三节　儿童语言发展理论的考查

从以上语言与文化，语言教育与文化教育的关系可以看出，在第二语言教育中文化视角的必要性，这也是儿童汉语教学中必须要有文化视角的一大重要原因。除此之外，儿童汉语教学中文化视角的必要性还必须从"儿童"出发来考查。考查儿童的语言习得原理以及与适合儿童的第二语言教育方法。因为教育不仅要将教育对象、教育方法和教育内容都联系起来，还要紧密关注教育对象、教育方法和教育内容相互之间的关系和影响。

儿童是如何获得语言的？儿童的语言能力是先天具有的，还是后天环境中习得的？有关儿童语言发展的问题，从20世纪起就有很多心理学家和语言学家进行了多种多样的研究。根据研究结果，语言发展理论可以分为三种，即"后天环境决定说""先天决定说"和"相互作用说"。

首先来看"后天环境决定说"。在伊万·巴甫洛夫（Ivan·P. Pavlov）的"条件反射"理论和沃森（J.B.Watson）的行为主义的基础上对儿童语言发展进行研究的学者们强调后天环境的作用，认为儿童是通过在后天环境中经历了"刺激－反应"的过程才获得语言的。"后天环境决定说"又可以分为"模仿说""强化说"和"中介说"三种。"模仿说"又分为"传统模仿说"和"选择模仿说"。传统模仿说认为儿童是通过单纯地模仿成人，尤其是父母的语言而逐渐获得语言的。这种说法因忽视了儿童的能动性和创造性受到了批判。儿童并不能经常很好地模仿成人的语言，因为儿童与成人交流时并不总是使用规范的语言。但儿童却逐渐学会了使用规范的语言，而且还能创造出成人未使用过的词和句子。传统模仿说不能解释这些现象。以怀特赫斯特（G.J.Whitehurst）为代表的学者们为了改善"传统模仿说"，提出了"选择模仿说"。"选择模仿说"认为儿童在模仿成人语言时总是有选择地模仿，而且比模仿成人的语言形式更重要的是模仿成人的语言功能。比如，儿童不只是模仿句子的结构，还能使用句子结构传达新的内容。选择模仿说有部分理论是符合儿童语言习得的过程，但还是有不足。它不能解释为何母语不同的儿童有着相似的语言习得顺序，以及错过"黄金语言期（一般认为是十二三岁之前）"的儿童只能模仿简单的句子，不能掌握复杂的句式等问题。20世纪40—50年代，以"行为主义"为基础的儿童语言发展理论中，最具影响力的是"强化说"，它的代表人物是美国心理学家斯金纳（Burrhus Frederic Skinner）。"强化"与通过刺激－反应影响人类行为发展或学习活动的行为主义理论一起，构成了"刺激－反应"论的核心。斯金纳提出了"刺激辨别－行为或反应－刺激强化"的顺序并强调了"强化说"对习得的作用。比如，让儿童反复模仿"吃"这个词，直到发音正确，再让儿童反复模仿"吃饭"这个句子。通过这种循序渐进、反复刺激的方式来强化语言能力。"强化说"给语言学和心理学界带来了巨大的影响，但也受到了批判，其原因如下。

此理论不是通过以人为对象的实验观察获得的，而是用老鼠做实验后推断的。"强化说"认为语言习得是按顺序积累的过程，这就无法解释为何儿童可能在短时间内获得语言能力。不仅如此，还有研究显示，与成人交流时，如果儿童能使用句子表达意思，即使存在语法错误，成人也很少给予纠正，而是任由儿童强化错误的句子，但这并不影响儿童的语言习得。"强化说"无法对此做出解释。另外，完全否定了儿童的能动性。实际上，语言行为是非常复杂的，不能只通过外部刺激、反应和强化来做片面解释。

随后，"中介说"出现了。"中介说"对"刺激－反应"论做了补充，它指出在表面的"刺激－反应"内部还有起中介作用的"刺激－反应"，语言的获得应该是按"表面刺激—中介刺激与反应—表面反应"的顺序进行的。比如，当听到"他生病了"的消息时，会联想到"他在医院"并会想到"去医院看望他"，随之就会问他的状况和确认医院的地址等。与此相似，儿童语言习得先受到外部刺激，然后经过内部的联想和反应后，再对外部做出反应。不仅如此，"中介说"提到的"中介反应"不一定是由外部刺激直

第三章　文化视角与儿童汉语教学的关系

接作用引起的，也可以由已有经验间接引起。但是，"中介说"并没有脱离"刺激－反应"模式。

　　以上介绍的"后天环境决定说"即其包含的三种理论过分强调了外部环境对儿童语言发展的作用。如果只重视"后天环境"，那么如何解释动物不能像人一样说话呢？与"后天环境说"相对的"先天决定说"被提出，它强调人类的语言习得是内部原因的作用。英国人类学家弗朗西斯·高尔顿（Francis Galton）以1868—1968年间英国政治家、文学家和科学家等共977人的家庭为对象进行了调查，并将调查结果与一般家庭进行比较后发现，一般家庭与这些杰出人士的家庭在人才辈出方面存在明显差异，由此提出遗传性比外部环境更重要的主张并倡导"优生学"。受其影响，语言学家们就儿童语言发展提出了"先天决定说"，认为儿童语言习得能力受遗传影响，自出生起就具备，而且正因为语言习得能力是天生的，所以儿童能在短时间内习得复杂的抽象的语言规则。"先天决定说"以艾弗拉姆·诺姆·乔姆斯基（Avram Noam Chomsky）的"先天语言能力说"和埃里克·勒纳伯格（Eric Heinz Lenneberg）的"自然熟成说"为代表。乔姆斯基认为人类能用有限的规则创造出无限的句子。为了用数学的严密性将这些规则公式化，他设定了深层结构和表面结构两个次元，认为表面结构由深层结构出发，经过变形和派生得来。语言习得能力是人类天生就具备的，在此基础上，儿童通过与一种语言的接触而获得了语言能力。乔姆斯基给这种天生的语言习得机制取名"LAD（language acquisition device）"，即语言习得装置。LAD包含着对语言的普遍特征，对语言信息有天生的评价能力。儿童接触到语言信息时，先根据普遍语法假设语言的构造，再通过评价能力对假设进行检验和评价，最后确定语言的具体构造，从而获得语言能力。儿童能发现语言的深层结构及把深层结构转换为表层结构的规则，因而能产生和理解无限多的新句子。"先天决定说"认为儿童从一出生就是语言学者。但是这种理论有唯心主义倾向。LAD只是假设的装置，并不能确定是否真实存在。如果LAD真的存在，儿童应该在语言习得的初级阶段就懂得使用成人的语言规则，但事实上儿童的语言和成人的语言有很多不同，而且儿童在语言习得过程中经常出错。不仅如此，有关儿童语言发展的研究中，有很多事可以证明儿童的语言发展和儿童与成人的语言交流有关。乔姆斯基的理论过分地轻视了后天环境的作用。与乔姆斯基理论相关联，1967年美国哈佛大学心理学教授埃里克·勒纳伯格在他的著作《语言的生物学基础》中提出了"自然熟成说"。"自然熟成说"把儿童的语言发展看作受发音器官和脑神经机能影响的自然熟成过

程，并把生物学的遗传因子看作人类语言习得的决定因素。勒纳伯格认为人类具有潜在的先天性的语言构造，大脑功能在达到一定的语言准备状态时，一旦受到外部刺激，便可将潜在的语言构造转换成现实语言构造。此理论与 LAD 作用原理十分相似。此外，勒纳伯格还提出了"临界期假说"（Critical Period），即从 2 岁到 12 岁是决定人类语言习得的重要时期。在这个时期内无意识的语言习得是可能的，而且这一时期的语言习得有利于自然地掌握发音并有利于记忆力和智力的成长，但如果超过临界期，语言习得将变得困难或不可能。对此，韩国学者김희숙以移民美国的韩国人为对象，为了解他们移民的时间与语音习得程度之间的关系，展开了实验。结果发现 6 岁以前移居美国的对象 100% 能与原住美国人一样发音。相反，12 岁以后移居美国的对象，无论怎么努力，也很难达到原住美国人的发音水准。其实早在 19 世纪 60 年代末，詹姆斯·阿士尔（James J.Asher）与拉米罗·加西亚（Ramiro Garcia）已经以居住在美国的 9～19 岁的古巴移民者为对象调查了他们的英语发音状况。结果发现 6 岁以前定居美国的移民者中有 71% 的人发音十分接近美国原住民的水准，而 13 岁以后定居美国的移民者中只有 17% 的人发音接近美国原住民的水准。勒纳伯格的"自然熟成说"对人们认识儿童语言习得有一定帮助，但也存在不足。它不能解释不同语言环境里的儿童为何能获得不同语言；听力正常的儿童为何会因为父母没有听说能力而不能像正常人一样说话等现象。

"先天决定说"强调内因论，"后天环境决定说"强调外因论，与二者不同，由瑞士心理学家皮亚杰（Piaget）提出的"相互作用说"，强调内外因的相互作用。他通过对儿童认知发展的研究来解释儿童语言的发展。语言是一种符号，儿童的语言能力是认知能力的一个方面。认知构造是语言发展的基础，儿童语言的发展是由认知构造的发展决定的，而认知构造和认知构造的发展既不是先天的，也不是单纯受环境的影响而产生的，它们是个人成长与成熟的过程中通过自身与外部环境的相互作用产生的。皮亚杰认为人类认知发展是人类对环境顺应的过程，这种智能的顺应（adaptation）实现的是"主体与客体间相互作用的均衡"，被定义为"'同化（assimilation）'与'调节（accommodation）'之间的'平衡化（equilibrium）'"。他根据儿童的年龄和认知特点，将儿童认知发展分为感觉运动期、前运算期、具体运算期和形式运算期四个阶段并指出儿童语言发展属于认知发展，各阶段的语言能力和语言发展特点都不相同。由此可知，儿童语言教育必须把握儿童语言发展的过程并尊重语言发展的特点。

第三章　文化视角与儿童汉语教学的关系

　　与皮亚杰的主张类似，20世纪70年代主张语言习得是通过主体与客体之间的相互作用发生的"社会相互作用论"被提出。"社会相互作用论"指出儿童与成人的交流对于儿童语言习得是非常重要的，儿童与成人之间的语言交流是儿童语言习得的决定因素。它在强调了语言环境作用的同时还强调了儿童在语言习得过程中的能动性，即儿童不是受动的消极交流，而是主动参与交流并努力与外部环境构成相互作用的世界。但是，这一理论仍不能有力并详细地说明语言输入在语言习得过程中的效用以及语言交流中语言能力是如何形成和发展的，也忽视了语言对儿童认知发展的影响。

　　有关儿童语言的习得，笔者赞同皮亚杰的理论。虽然皮亚杰的理论也不是完美的，比如，他对认知发展和语言构造发展之间的关系没有进一步详细说明。还有，他没有关注到语言也会影响儿童的认知发展。但他重视语言习得的内外部因素，注意到学习者的能动性与外部环境之间的相互关系，还区分并详细说明了儿童在各年龄阶段的特点，这些对笔者的研究有很大帮助。以儿童为对象的语言教育（包括儿童汉语教学）必须了解儿童的认知发展过程和尊重其各阶段的认知特点，利用与儿童认知特点相符合的教学内容和教学方法，激发儿童内在的能动性。同时，还应为儿童创造舒适、自然的语言习得环境，使得儿童的内部语言习得机制与良好的外部环境相互作用以促进语言习得。

第四节　外语教学法的考查

　　上一节中，笔者考查了儿童语言习得的相关理论。这一节中，笔者为了寻找适合儿童的第二语言教学方法，将对外语教学法进行观察和梳理。至今，西方外语教育学界研究和开发出了相当数量的第二语言习得理论和外语教学法。《国外外语教学法主要流派》中就介绍了24种外语教学法。这些教学法虽都其优缺点，但相互取长补短，并积极地融合语言学、心理学、教育学和社会学的理论，不断推陈出新。其中，语法翻译法（grammar translation method）、直接法（direct method）、听说法（audiolingual method）、情境教学法（situational approach）、全身反应法（total physical response）、认知法（cognitive approach）、沉默教学法（the silent way）、自然教学法（the natural approach）、交际法（communicative approach）、任务中心法（task-based language teaching）等比较具有代表性和影响力。

一、语法翻译法

语法翻译法原是中世纪欧洲教授拉丁语和希腊语古典著作时使用的教学法，自 17 世纪后被广泛应用于外语教学。此法要求学生用所学的词汇和语法知识将外语翻译成母语，也将母语翻译成外语，并重视培养阅读和写作的能力。虽然因轻视对听说能力和交际能力的培养受到了很多批判，但至今仍在外语教学中被使用。

二、直接法

直接法作为语法翻译法的对立物，于 19 世纪末到 20 世纪 20 年代，风行于欧洲。此法强调对听、说能力的培养，主张在教育现场使用第二语言、实物、图片和动作直接进行直观的教学。

三、听说法

听说法，又叫"军队教学法（army method）"，是二战时期，为军队训练具有听说能力的外语人才而研发的。20 世纪 40—60 年代流行于美国。此法让学习者在听取目的语后，通过反复模仿和练习发音及句型来习得目的语，并注重利用目的语和母语之间的比较来增进语言习得。

四、情境教学法

情境教学法产生于 20 世纪 50 年代的法国。它吸取了直接法和听说法的优点，主张通过实际语境中的训练使学习者获得语言能力。此法以提高学习者的实际语言使用能力为目的，利用磁带、幻灯、电影和视频等视听工具为学习者创造情境，让他们通过视、听、说来学习目的语。

五、全身反应法

全身反应法是一种利用身体活动来进行语言习得的语言教学法。它与发展心理学、习得理论、人本主义教育等相关联，由美国语言学家、心理学家詹姆斯·阿士尔（James J.Asher）于 20 世纪 50 年代提出。此法认为单纯暗记式的语言学习是低效率的，利用身体感觉来学习可以提高效率。还因为听力的发展先于说的能力，所以主张先培养听力来增强理解力。使用此法进行教学时，教师常常用祈使句命令学习者做出某些特定的行动，让学习者通过直接的行动过程来理解目标语言。全身反应法具有能活跃课堂气氛，使学习者集中注意力，使学习者积极参与学习等优点，但对于除祈使句以外的句型，比如疑问句和感叹句等的教学来说，使用起来比较困难。

六、认知法

认知法以乔姆斯基的转换生成语法理论为基础，并重视人类的先天语言能力。此法认为所有的语言都有一定的规则，人类也有与生俱来的语言能力和分析能力，所以当个体熟悉了某种特定的语言规则时，个体就能利用天生的能力，自然地创造和使用语言。外语教学过程中，若能使学习者先熟悉一定的语言规则，学习者就能自己利用这些规则组建和使用目标语言了。而且主张利用图画和实物等具体教学材料来激发学习者的认知能力。

七、沉默教学法

由美国数学家、心理学家戈铁诺（Gettegno）于1970年提出的沉默教学法，与其名称一样，要求在教学现场的教师尽量保持沉默。在人本主义和认知主义影响下诞生的此法认为学习者具有充分的认知能力，能够发挥能动性习得和熟悉外语，并主张外语教学必须以学生为中心。

八、自然教学法

自然法由克拉申（Stephen Krashen）与泰勒（Tracy Terrell）于20世纪70年代后期提出。它以克拉申的"习得-学习假说（the acquisition-learning hypothesis）""监控假说（the monitor hypothesis）""自然顺序假说（the natural order hypothesis）""输入假说（the input hypothesis）"和"情感过滤假说（the affective filter hypothesis）"等五种第二语言习得假说为基础。"自然"意味着第二语言的习得如母语习得一样自然。此法主张在二语习得过程中对学习者尽可能多地进行语言输入。因为学习者频繁地处于语言使用环境中就能自然地接近、理解和使用目的语了。自然法将第二语言习得过程分为三个阶段，即"表达前阶段""初期表达阶段"和"扩展表达阶段"。"表达前阶段"以培养听力和理解力为主；"初期表达阶段"以培养说和写的能力为主；"扩展表达阶段"以提高表达能力为主。

九、交际法

交际法以海姆斯（Hymes）的"交际能力（communicative competence）"

理论和乔姆斯基的"语言能力（linguistic competence）"理论为基础，诞生于以认知主义为主流的 20 世纪 70 年代。此法认为交际能力与个体的语言知识和能力相关，外语教学的目的不是简单地进行句型等语言构造的模仿和再现，而是通过使用合乎情境的词汇和语法来顺利进行交际。在关注语言的社会性的同时，还应重视语言与文化的关系。交际法提倡通过学习和接近目的语言和目的语文化，正确把握目的语言和实现跨文化交际。

十、任务中心法

受交际法的影响，强调"learning by doing"的任务中心法于 20 世纪 80 年代提出。"任务"是指以交际为目的的活动。此法认为第二语言习得不应是单纯地学习知识和训练语言能力，而应通过各种活动积极地使用语言，在使用中习得。

综合以上十种外语教学法，笔者认为"自然法""全身反应法""交际法"和"任务中心法"比较适合以儿童为对象的汉语教学，理由如下。

（一）"自然法"与儿童汉语教学的关系

如上文所示，"自然法"主张尽可能多地向学习者进行语言"输入"，让学习者尽可能多地处于语言使用环境中，从而在不知不觉中获得语言能力。此法强调"输入"必须符合学习者的水平，必须尊重由简到繁的习得顺序。与此相通，儿童汉语教学也必须考虑儿童的认知水平和语言水平，必须尊重认知发展的原理并关注儿童的心理和感情特点。"自然法"能使学习者的语言习得在无负担和无意识的条件下进行并能使学习者欣然接受输入的语言信息，这与儿童的特性和汉语教学的要求是相符合的。

（二）"全身反应法"与儿童汉语教学的关系

主张以直接参与和身体活动的方式进行语言学习的"全身反应法"，不只是适合儿童汉语教学，而且可以说是必要的。这样说的原因有三：第一，在儿童语言发展的过程中有一段沉默期。沉默期是通过辨别和理解话语的声音而发展听力的时期。所以，对于儿童汉语学习者，特别是对初步学习者，比起从一开始就不停地让他们说，使用全身反应法先锻炼他们的听力后，再培养他们说的能力，更符合儿童语言习得的规律，会受到更好的效果。第二，从皮亚杰划分的儿童认知发展四个阶段来看，大部分的儿童都喜好具体形象的事物。全身反应法正是通过具体的动作让学习者感受和理解，这符合儿童的认知特点。第三，儿童的注意力集中时间短，不能区分生活和游戏，总是对有趣的事情感兴趣。全身反应法通过让学生以身体活动的方式参与学习，能引起儿童的注意和激发他们的兴趣，从而促进语言学习。

（三）"交际法"与儿童汉语教学的关系

前面提到"交际法"注重利用真实的语言材料和语境培养学生的跨文化交际能力。与之相应，儿童比较容易接受与实际生活经验相关的事物。此外，交际法还十分重视语言与文化的相互关系，与之相应，儿童汉语教学也必须同时进行语言与文化的通合教育，因为只有通过语言与文化的通合教育，学习者才能自然地接近文化，提高对文化的敏感性，养成跨文化意识，进而形成和增强跨文化交际能力。不仅如此，比起单调枯燥的语言学习，丰富多彩的语言-文化通合学习可以培养学习者的学习兴趣，调动他们学习的积极性，从而优化学习的效果。

（四）"任务中心法"与儿童汉语教学的关系

"任务中心法"鼓励学习者参与以实现各种交际为目的的活动来锻炼语言和跨文化交际能力。这与儿童喜爱活动的特征相符。比如，包含语言知识且能培养语言能力的游戏活动。让儿童在15～20分钟内集中注意力参与到活动中来，通过活动过程中的合作与互动，强化语言认识的同时，提高综合语言能力和语言使用能力。如此，儿童汉语教学也会更加有趣，更加有效。

综合儿童语言发展理论和以上四个适合儿童汉语教学的教学法的优点，笔者对以儿童为对象的汉语教学提出以下三点建议：

（1）要为儿童学习者提供与儿童学习者的特点相符合的语言和文化环境。这意味着以"熏习"的作用使儿童自然地习得语言。

（2）要在儿童汉语的学习过程中活用各种材料和活动。这是吸引儿童注意力的手段，也是让儿童发挥五感的作用参与学习，从而满足儿童的好奇心并激发学习兴趣的秘诀。

（3）要从文化的视角来观察儿童汉语教学并重视语言与文化的通合教学。这是培养儿童对汉语的理解能力和运用能力，以及跨文化交际能力的必要条件。

要实行以上三点建议，就必须先建立文化的视角，在文化视角下去探究能实现语言与文化通合教育的教学内容和教学方法。

第五节　儿童汉语教学中的国别化

　　王力先生曾经说过"怎样教外国人学汉语，可以用一种比较的方法来说明。这类文章不妨写得详细些，分门别类地写，如教日本人怎么教，教英国、美国人怎么教，等等"。(《语言教学与研究》杂志社，1984) 陆俭明先生早在 2008 年就提出在汉语教材编写中需要考虑"国别化"问题，并在 2013 年发表的《汉语国际传播中的几个问题》一文中再次提出"鉴于事实上存在汉字文化圈和非汉字文化圈的区别，鉴于汉语跟国外各个语言的差异性，汉语教材'国别化'这一理念可取"。赵金铭(2014)谈到"汉语作为第二语言/外语教学加快走向世界的过程，就是国际汉语教育的国际化具体体现。需要进一步解决的问题，则包括如何适应各国、各地的汉语教学实际，体现国别化特点"。并认为"国别化汉语教学是汉语作为第二语言教学一般规律的具体化"，"教学方法不但可以国别化，还可标新立异"。李如龙(2012)写到"汉语国际教育提倡'国别化'是十分必要的。在不同的国家教汉语，不论是语言本体或社会文化上的差异都很复杂，应该认真研究并在教学大纲、教材教法上采取变革的具体措施"。韩国又松大学副校长甘瑞媛(2006)女士也曾在《"国别化"对外汉语教学用词表制定的研究》中为"国别化"下了定义"国别化主要是指针对不同的国家而实行不同的汉语的教学与研究"，并指出这里的"国别"，不仅是指某一特定的国家，也指具有相似语言文化背景的国家。笔者也认为在遵循一般规律(包括拼音、汉字、词汇、语法习得的一般规律)的基础上的汉语教学的国别化有其必要性和重要性，对于儿童汉语教学也一样，正因为如此儿童汉语教学必须有文化视角。我们可以从两个大方面去理解：一是因为不同国家和地区之间存在语言、文字和文化差异；二是因为不同国家和地区的教育政策和教育环境有差异。为了帮助读者理解，接下来，通过一些例子来做详细说明。

一、不同国家和地区之间的语言、文字和文化差异

　　先从语言差异说起，它涉及语音、词汇和语法。

　　语音方面除了 j[tɕ]、q[tɕʰ]、x[ɕ] 这一组让很多国家的汉语学习者感到困难的发音外，各国和地区还在汉语语音习得上存在国别化现象。比如，在教英语母语者时应注意对 h[x] 和 r[ʐ] 的发音训练和矫正，因为汉语中的 h[x] 是

舌根音，而英语中的 h[h] 则是喉音，英语和汉语中的"r"发音位置不一样。对墨西哥语母语者要注意对 b[p]、p[pʰ]、g[k] 的发音训练和矫正，因为对他们来说，这三个发音比较困难。对韩语母语者要注意对 f[f]、l[l]、r[z] 的发音训练和矫正，因为在韩语的音标里没有与汉语音标相对应的 f[f]、l[l]、r[z]。

词汇教学方面的国别化对待也可以从三个方面来看。一是要看学习者所属的国家和地区是否属于汉字文化圈。比如，对韩国、日本学生的词汇教学和对欧美学生的词汇教学需要重视学习者的国别特点并采用不同的教学内容和教学方式。因为韩国和日本同属于汉文化圈，韩语和日语中有大量的汉字词，其中韩国的汉字词占韩国语词汇的 70% 且汉字词的 40% 来源于汉语。因此以韩国学生为对象的词汇教学可以先从汉字词入手。但又因韩语中有形同义同（如：学校、父母、国家，等等）、形同义异（如：食堂、工夫、注文，等等）、形异义同（如：静肃、胃肠、性价比，等等）、形异义异的借音汉字词（如：磨勘、生觉，等等）四种汉字词，所以进行词汇教学的时候要注意使用联系和对比的方法。二要看学习者所属的国家和地区的文化对同一词汇的认识和阐释是否存在差异。比如，对"狐狸"一词的认识，中国人觉得狐狸狡猾、风骚；韩国人觉得狐狸很聪颖、可爱。中国人用"不错"来表达满意，但在西方人看来"不错"就是勉强还行。三要看学习者的母语对同一事物的用词表达是否与汉语存在关联或差异。比如，汉语中的"五花肉"在韩语中是"三层肉"；汉语中的"火车"在韩语中是"汽车"；汉语中的红茶在英语中是"黑茶"；汉语中的"眼红"在英语中是"眼绿"，等等。这些例子告诉我们，在进行汉语词汇教学的时候需要注意国别化，通过联系和比较等方法让教学具体化、有效化。

语法方面，比如，英语与汉语的"主+谓+宾"顺序相同，但在日语、韩语中是"主+宾+谓"的顺序。英语通过动词本身的形态变化来表现时态，日语和韩语是通过句尾变化来表现时态，而汉语是通过使用时间副词和动态助词来表现时态的。还有汉语的指示代词"那"，在英语中对应"that"，但在韩语中对应"그（用于与说话人距离较近的语境中）""저（用于与说话人距离较远的语境中）"；在日语中对应"それ（用于与说话人距离较近的语境中）""あれ（用于与说话人距离较远的语境中）"。这些例子告诉我们，在语法教学中也应注意国别化，考虑学习者母语的特点，了解学习者的学习难点，有针对性地进行教学。

以上是从语言差异的角度来看汉语教学的国别化，下面从文字差异的角度来阐述一下对汉语教学国别化的重要性。由于文字是语言的载体，所以这一部分也涉及语言。

  汉字是汉语的记录符号，属于表意文字的词素音节文字，但现在为汉字注音的汉语拼音使用的是拉丁字母。而法语、意大利语、西班牙语、葡萄牙语等拉丁语系语言以及英语、德语等日耳曼系语言均使用拉丁字母。拉丁文字是表音文字。大部分的欧美人在学习汉字的时候都会感到困难，在学习汉语拼音时却会有种亲近感。但是对欧美的儿童汉语学习者来说，同时学习母语和汉语拼音会涉及一个重要的儿童认知现象——双文同时学习现象。（徐彩华，刘璟之，2016）学生在两套口语体系共享部分书面字母的情况下，会呈现出一些认知特点和有关习得的问题。比如，汉语拼音的"e"发音时是发 [ɤ] 还是 [ɛ]？"c"是发 [tsʰ]、[s] 还是 [k]？不仅在汉字的发音上，在汉字的书写上也有差异。相对于拉丁文字的线形排列，汉字上下左右的空间排列增加了拉丁文使用者的汉字学习难度。然而与欧美学习者不同，韩国学习者在学习汉字时，会体现出一些优势。最重要的原因在上文中也有提及，韩语中存在大量的汉字词，由于历史文化的原因，韩国从古代就使用汉字，现在是将韩字和汉字并用（在韩国被称作"国文与汉文混用"），只是韩国的汉字是繁体字形并保留着中国中古时期的发音。此外，韩国的韩字也是表音文字，是在1443年朝鲜时代前期，由第四代王世宗大王与集贤殿的大学士们共同创制的。韩字虽也是表音文字，但它的结构也是按上下左右进行空间排列的，不仅如此，从韩字的各部分构成可以看出韩语的音节也和汉语音节一样，包含有声母和韵母，韵母也包含有韵头、韵腹和韵尾，所以在以韩国学习者为对象的汉语教学中，也可以通过比较的方法，帮助学习者学习拼音和练习发音。

  下面我们再从文化方面来理解。不同国家和地区必定存在文化上的差异，汉语作为第二语言的教学必定是文化间交流的一部分。因此无论是以儿童为对象还是以成人为对象的汉语教学都必须具有文化视角，关注文化间的差异和联系，根据国别化原则，选择使用不同的教学内容，文化元素和教学方法，等等。笔者认为主要有三种情况需要考虑。第一种情况，考虑对象文化是否属于汉文化圈。韩国和日本就属于汉文化圈，深受儒家文化的影响。中、日、韩三国的儒家文化中心不一样。中国以"仁"为核心，日本以"忠"为核心，韩国则以"孝"为核心。食文化方面，中国、韩国、日本都有"拉面"和"泡菜"，但三国的拉面和泡菜又都不一样。韩国和中国都有端午节和中秋节，但节日的形式和意义又不相同。第二种情况，考虑东、西方文化之间的差异和相似点。东、西文化的异同在汉语教学的研究和实践过程中也是需要把握和利用的。得到称赞时,东方人常常表现出谦虚,而西方人则欣然接受。东方人讲究主客之礼,而西方人更喜欢聚会的形式,各自带上一些食物去主人家参加聚会,聚会上客人可以随意地使用主人的厨房及橱柜里的东西。东方人,尤其是中国人的亲属关系复杂,所以有关亲属关系的汉语称呼特别多,而西方人在学习和记忆这些称呼的时候就显得非常吃力了。中国人讲究意会,西方人很难领会。举个例子,如果中国人对于一件事情,回答"让我们再研究研究"或"再看看",那就很有可能表示不满意了。当然,东、西方文化中也存在相似点。比如,中国人也经常使用"请"字,西方人也经常使用"please"来表示礼貌。汉语和英语中都有不少带"黑"字的词语象征不好的寓意。第三种情况,考虑相似文化圈内的各国或地区之间的差异。同属欧洲地区西方文化圈,英国和法国之间也有文化差异;同属英国英格兰、威尔士和苏格兰地区也存在文化差异。以日本和韩国为例,它们同属汉字文化圈,至今仍将汉字和本国文字混用,但日本的汉字和韩国的汉字有不少形同义异或义同形异的汉字,比如汉字"读"在韩国写作"讀",在日本写作"読";汉字"安"在韩国的字义与在中国的字义一样,但在日本是"便宜"的意思。韩国和日本在历史上都深受中国文化的影响,韩国至今还崇尚儒教,很多韩国人还在学习《千字文》和《论语》,但日本人西方化速度比较快,程度比较深,现在的日本人只对唐诗还保留着兴趣。

二、不同国家和地区的教育政策和教育环境差异

学习者所在国家和地区的教育政策和教育环境也是儿童汉语教学需要重视国别化的一大原因。有关教育政策和教育环境,可以从教育大纲和课程设置来观察。比如,前文中有提到英国从2014年修改教学大纲后,现代外语成了必修课,现代外语中的汉语也成了一项基础课程,正逐渐进入中小学。但英国的威尔士地区绝大多数中小学还是将汉语课设置为选修课,且以文化体验课和汉语俱乐部为主要课程形式。还比如,匈牙利的教学大纲《国家核心课程》规定了学生学习外语的课程课时比例:1~4年级2%~6%,5~10年级12%~20%,10~12年级13%~30%。自2014年起,汉语被纳入匈牙利中小学外语教育评估体系后,有相当一部分学校开设了汉语课程,但低年级的小学汉语课程普遍以"听"和"说"为主,不教"读"和"写"。

笔者认为为了使儿童汉语教学科学化、实用化和有效化,就必须先了

解当地的教育政策和环境以及先研究一下当地的教育大纲。"教育大纲"可以是学习者所在国家或地区的汉语教育课程大纲，或是外语教育课程大纲，或是国语教育课程大纲。因为大多数国家的教育大纲里有关汉语或第二外语的教育大纲是从中学阶段开始的并没有针对幼儿园和小学阶段的汉语或第二外语教育大纲，这种情况下，可以参考针对小学阶段的外语教育大纲或针对幼儿园和小学阶段的国语教育大纲。因为这些大纲都是根据儿童的语言和认知发展的阶段性特点，结合每个国家的教育理念、文化特点和教学条件制定的。对国别化的儿童汉语教学有启发作用。比如，韩国就没有针对幼儿园和小学阶段的汉语和第二外语教学大纲。幼儿园阶段只有《幼儿快乐教育大纲》，小学阶段有《初等学校教育大纲》，《初等学校教育大纲》包含有国语教学大纲和外语（英语）教学大纲。《幼儿快乐教育大纲》是针对满3～5岁的儿童保育和教育课程的大纲，从大纲的名称就可以知道其目的在于让孩子们"乐学"。表3-1是2015年新修订的《幼儿快乐教育大纲总论》第二章第二节的3～5岁快乐教育课程各领域内容·意思疏通内容体系。

表3-1　3～5岁快乐教育课程各领域内容·意思疏通内容体系

内容范围	内容
听	听词语和句子并理解
	听故事并理解
	听童谣、童诗、童话并理解
	态度端正地听
说	说词语和句子
	说感觉、想法和经验
	态度端正并符合语境地说
读	培养阅读兴趣
	关注读书
写	关注书写

同时，参照 2015 年修订的《初等学校教育大纲》的《国语大纲》和 2018 年修订的《初等学校教育大纲》的《国语·阅读大纲》发现，《国语大纲》分成小学 1～2 年级、3～4 年级、5～6 年级三部分并按照听、说、读、写的顺序来制定和展现内容体系和目标要求。出《国语·阅读大纲》对小学 1～2 年级的要求是朗读字、词和句子并培养对阅读的兴趣和快乐阅读的态度。由此，可以得知：①《幼儿快乐教育大纲》和《初等学校教育大纲》都注重对学生听、说、读、写兴趣和能力的培养。②儿童的语言习得大体上遵循着由听到说、由说到读、再由读到写的递进过程。③幼儿园阶段的学习目标以对词语和句子的理解为主、教学内容以童谣、童诗、童话故事为主。④幼儿阶段有关阅读与写作部分的目标，只要求"关注"和培养兴趣。⑤小学 1～2 年级要求会认读字、词和句子并希望帮助学生培养对阅读的兴趣。

再参照《2018 年初等学校修订教育大纲》中有关国语和文学的部分，可以清楚地了解到各年级的主要教学内容。如表 3-2 所示：

表 3-2 《2018 年初等学校修订教育大纲》国语·文学部分的各年级教学内容

初等学校各年级教学内容		
1～2 年级	3～4 年级	5～6 年级
·绘本 ·童谣 ·童话	·童谣、童诗 ·童话 ·儿童剧	·歌曲、诗 ·故事、小说 ·剧

在韩国，小学 1～2 年级的国语教育以绘本、童谣和童话作为主要教学内容，3～4 年级以童谣、童诗、童话和儿童剧为主，5～6 年级以歌曲、诗、故事、小说和剧为主。综合前文中《快乐教育大纲总论》的内容，也可以看出幼儿和小学低年级阶段的儿童语言教育内容是以童谣、童诗、童话故事为主要内容的。这便为以韩国儿童为对象的汉语教学提供了参考。

综上所述，可推定儿童汉语教学若能结合教学对象所在国的相关教学大纲来设定或调整教学目标、教学内容和方法，将会更容易被接受，从而获得更佳的效果。

第六节 文化－语言建构与汉语学习的关系

　　儿童汉语教学中的"汉语"是不是"工具"？儿童学习汉语最重要的是掌握汉语的语音、词汇和语法的相关知识吗？汉语教学是为了掌握"工具"的训练吗？笔者认为不是。汉语是活生生的语言，是中华精神、汉文化思想、中国式情感的载体，是中国人认识世界的一种方式。学习者学习汉语的时候，不只是学习相关的语言知识，还是在接触中国式的世界观，培养用汉语建构意义、建构心智世界的能力。汉语的习得和运用应该同时是一种文化－语言建构的过程，可以从以下三个方面来理解。

一、语言是建构物

　　用于交际的语言不是一个超时空的固定不变的实体，而是在特定的时空中的具体的建构物，也就是"言语"。语言（言语）是在具体的交际之中建构出来的，交际是在具体的语言（言语）建构过程中完成的。（朱自强，2015）因此学习汉语，应该是学会"建构汉语"，学会适时适地地运用汉语，这就需要学习者在学习汉语的过程中，同时进行"文化建构"。所谓"举一反三"，学习者学习的不是无生命的语言，而是有活力、有生命的语言。只有在成功地建构了文化和识得语境的基础上才能够成功地建构语言。

二、语言、文化、文学互相关联

　　语言与文化的统一在前面已有阐述。"语言－文化－文学"的关系如何看待呢？这与儿童汉语教学有何关系呢？从语言学角度看，文学就是一种言语行为。文学语言的教育，是更能呈现语言质感、语言功能的语言教育。（朱自强，2015）文学是语言结构与功能最为明显地得到突出并显露出来的场所。（乔纳森·卡勒，2013）文学是语言的"突出"，是语言文字的最好的部分。朱自强先生还指出文学教育即是语言教育。从上面列举的韩国《幼儿快乐教育大纲》和《初等学校教育大纲》就可以看出文学教育与语言教育的关系。大纲中列出的童谣、童诗、绘本、童话、故事、儿童剧、歌曲、小说无不属于文学。笔者认为作为第二语言的儿童汉语教育更应该与文学教育统一起来，因为儿童是天生的诗人和审美家，儿童的语言是充满文学语言的语言。日本的羽仁悦子认为幼儿期是文学期，小学阶段这一童年期

第三章　文化视角与儿童汉语教学的关系

是文学期的延续，是文学教育的最佳时节。汉语教育与文学教育的统一更符合儿童的天性和特点，更能使儿童发挥出优势，更能帮助儿童学习者了解汉语的特点和感受汉语的魅力，从而萌发对汉语学习的兴趣。通过文学教育，学习者不仅可以逐渐形成汉语的建构能力，还能提高文化建构能力，因为汉语文学中一定包含中国文化元素。儿童学习者在学习和欣赏文学作品的时候就自然地接触中国文化了。持续地学习和反复地接触会使学习者有意识或无意识地对中国文化有比较全面和深入的了解。此外，学习者还可以自觉地或通过老师的引导，将文学作品或作品中包含的文化要素进行文化间的比较，加深对中国文化和自身文化的双向了解，增强多文化意识和跨文化交际能力。笔者认为这是儿童汉语教学中更进一步的文化建构。比如，李白的《静夜思》写道"举头望明月，低头思故乡"，通过欣赏和学习这首诗，学习者可以感受到中国人寄予"月"的思乡之情，可以了解到中国人抒情的方式。随之，也就可以理解为什么中秋节时中国人渴望和重视一家团圆了。汉语的很多诗词、歌谣中都有"月"这一意象。当学习者多次接触和学习之后，就会自觉建构出"月"文化。相对于汉语文学中经常出现的"月"，西方文学中常见"太阳"。通过观察和比较，西方学习者可以慢慢地了解东、西方文化及文化影响下的语言差异，并自觉地养成"文化－语言"的建构能力。

三、语言与文化是世界观的体现

语言与文化是人们对世界及人与世界关系的认识的反应。在接触和学习一门语言或某一国家或地区的文化时，实际上都是在接近或走进一种世界观。西方语言与文化是受西方世界观的影响的。西方人认为世界是神创造的，神是无法超越的，世界上的一切都是神赐予的。所以西方人的语言中常常出现"God"一词。比如，"God bless you""Thanks，God""God knows"，等等。还有，每一任美国总统就职时必手按《圣经》宣誓，"God"也频繁出现在他们的就职演说中。同样，汉语和中国文化是中国式世界观的体现。老子《道德经》曰："故道大、天大、地大、人亦大……"《论语》有曰："天何言哉？四时行焉，百物生焉，天何言哉。"《三字经》有云："三才者，天地人。三光者，日月星。"中国人认为"道生一，一生二，二生三，三生万物"。人是天地之间最贵者也，人与天、地融为一体，都统一于"道"。道是循环往复，生生不息的。所以庄子会在妻子去世时击鼓而歌，汉语里会有"塞翁失马，焉知非福"这样的成语。还比如，中国人喜"大"，"羊＋大"为

"美";喜"文",2008年背景奥运会的会徽无不象征着"人文"。这些都表现出了中国人对"人"的重视以及"天人合一"的世界观。水必有源,汉语教学应该帮助学习者了解中国人的世界观和思想,拓展对世界的认识,并形成文化-语言建构能力。

第七节 多元智能理论的考查

多元智能理论（the ory of multiple intelligences）最早是在20世纪60年代哈佛大学教育研究生院纳尔逊·古德曼发起的"零点项目（project zero）"之一。它提倡对基础学科研究和学科交叉研究并进,主张提高教学质量,追求均等的教育机会和多元化教育。经过对传统智能观念的反思和对人类智能的大量实验研究,于1983年由美国哈佛大学教育研究院的心理发展学家霍华德·加德纳（Howard Gardner）在其著作《多元智能》中正式提出。他先确定了每个人身上至少存在七项智能,即语言智能、数理逻辑智能、音乐智能、空间智能、身体运动智能、人际交往智能、自我认识智能,又于1996年提出了第八种智能——认识自然的智能。（霍华德·加德纳,1999）言语语言智能是指口头或书面语言表达的能力,表现为对语音、词义的敏感性,能顺利而高效地利用语言传达信息,表达思想。逻辑数理智能是指通过数理运算和逻辑推理等进行抽象思考的能力,表现为个人对事物间各种关系以及对逻辑、数字等抽象概念的敏感性,包括理解抽象概念、计算、归纳、分类、排序、推理、类比和对比等。音乐节奏智能是指个体对音乐的感受、辨别、记忆、改变和表达的能力,表现为对节奏、音调、音色和旋律的敏感以及通过作曲、演奏和歌唱等表达个体思想和情感的能力。视觉空间智能是指个体感受、辨别、记忆、改变物体的空间关系并以此传达信息、表达情感和思想的能力,表现为个人对线条、形状、结构、色彩和空间关系的敏感。身体运动智能是指在身体动作和具体内容之间建立联系,理解和运用肢体动作传达信息的能力,表现为个人能够较好地控制自己的身体,对事件能够做出恰当的身体反应以及善于利用身体语言来表达自己的思想和情感。人际交往智能是指个体与人相处和交往的能力,表现为个人觉察、辨别他人的情绪、情感、意向并对此做出相应反应。自我认识智能是指个体认识、洞察和反思自我的能力,表现为个人能够正确地认识和评价自身的情绪、动机、欲望、个性、意志,并在正确的自我认识和自我评价的基础上形成自尊、自律和自制。认识自然的智能，也称自然观察能力，是指个体辨认出个体生活环境中存在的大量物种，包括植物和动物，并对它们加以分类的能力。人的智能是多元的，每个学生都有自己的优势智能领域，都有自己的智力特点、学习类型和发展方向。儿童阶段是个人心智成长的关键时期，儿童的认知和智能结构具有可塑性，恰当的教育和训练将使儿童的智能结构优化并使之发挥到更高水平。教育应在全面开发学生各种智能的基础上，为学生创造多种多样的展现各种智能的情景，激发学生潜在智能；应努力变换教学方法，开展与学生智能的多元性相适宜的教学，充分发挥学生的各种智能作用。儿童汉语教学必须注意到教育对象是"儿童"，重视儿童身心发展和智能发展的需要，充分利用儿童在语言、数理、音乐、图形、色彩、空间、身体运动、人际交流、自我认知和自然认知方面表现出的特点来设计和安排教学。笔者认为基于多元智能理论，儿童汉语教学应做到两点：其一是"通过把握多元智能来教学"；其二是"为发展多元智能而教学"。

一、通过把握多元智能来教学

通过把握多元智能来进行儿童汉语教学，就是要在充分了解了儿童一般特点和每位儿童学习者的智能特点的情况下，帮助发挥优势智能参与到学习中来。比如，有些学生音乐节奏智能占优势，就可以采用吟唱童谣或按节奏诵读诗文的方式来进行教学；有些学生逻辑数理智能强，就可以设计数字游戏来学汉语词汇；有些学生视觉空间智能占优势，就可以设计美术活动来进行教学；有些学生身体运动智能强，就可以考虑采用TPR教学法来进行教学；有些学生人际交往智能占优势，就可以采用情境对话和游戏合作的方式来进行教学。还有些学生的强势智能可能不止一项，就可以根据学生的智能特点，经常更换教学方式或综合使用多种教学方式。多元智能理论下的汉语教学应该是人性化的教学，内外结合的教学，它关照到每一位学生，让他们有机会利用强势智能学习，激发他们对学习的兴趣，强化汉语教学的效果，实现真正意义上的因材施教。

二、为发展多元智能而教学

儿童汉语教学与成人汉语教学不同，因为它的对象是儿童。现在还有很多以儿童为对象的汉语教材和大部分成人汉语教材一样，按交际功能项目编排，以对话为主。还有很多儿童汉语课仍是以讲解和操练生词和对话的形式展开，偶尔也会插入一些文化讲解和体验，或是学唱几首中国儿歌。但笔者认为这样的汉语教学并没有突显出对儿童的关注。在这个问题上，有三点值得思考：第一，儿童是天生的缪斯，是天生的诗人，他们有自己的语言。现在幼儿园和小学阶段的母语教学中，绘本、诗歌、童谣被频繁使用，为何在儿童汉语教学中就一定要以教对话的形式来教汉语呢？虽然第二语言习得和母语习得不同，但也有相似之处，以儿童为对象的汉语教学应该考虑以儿童喜好的、熟悉的、习惯的形式来教。第二，儿童对周围的事物充满好奇心，在不断探索的过程中发展认知，要从根本上激发儿童的学习动力，就应该认真思考如何培养他们对汉语学习的兴趣。枯燥的教学内容和死板的教学形式，只会使教学陷入困境。第三，中国有句俗话"三岁看大，七岁看老"，儿童期是人生最重要的时期，这个阶段的教育和经历，会对一个人的心性和智能的发展产生重大影响。以儿童为对象的汉语教学，其功能和目的只是教孩子汉语吗？笔者认为儿童汉语教学应该是多通道和多功能的教学，应该为发展儿童的多元智能而教。对此如何理解呢？比如，站在文化的视角上设计有关"月"文化的汉语教学，先让学生配图，欣赏和跟读一首童谣，了解一个月中月亮的变化，通过这个过程，学生的言语语言智能、音乐节奏智能、视觉空间智能和认识自然的智能就可以得到发展。再让学生配图并欣赏和吟诵李白的《静夜思》，了解"月"和"思乡"的联系，并让学生联想母语中有关"月"的童谣或诗歌。通过这个过程，学生的言语语言智能、音乐节奏智能、视觉空间智能、逻辑数理智能、自我认识智能就可以得到发展，在了解了中国的"月"文化和中国人对"月"的感情的基础上，人际交往智能也会得到发展。最后，可以介绍中国的中秋节并让学生画月亮、学写"月"字。通过这个过程，学生的逻辑数理智能、人际交往智能、视觉空间智能和言语语言智能得到进一步发展。整个教学过程中语言与文化教学是统一的，儿童通过自己喜欢的诗歌、童谣、美术来学习汉语，感受汉语的魅力和中国人的情感，并在这个学习过程中发展了各项智能。儿童汉语教学应该与成人汉语教学区别，关注儿童的成长，脱离传统模式，实现多通道和发挥多功能。

综合以上七个方面可以得知语言与文化相互关联，不可分离，从而语言教育和文化教育缺一不可，应利用适当的方法将二者统一。这就必然要求从事儿童汉语教学的研究者和教学人员具备文化的视角，不能只把目光投向语言。结合儿童的语言发展规律及各阶段的认知特点考察外语教学法时发现，儿童汉语教学必须先建立文化视角，在此基础上努力为儿童学习者创造有利的语言文化环境，丰富儿童汉语教学的内容和方法以诱发儿童对汉语言文化的兴趣，并通过语言与文化的通合教学为培养真正的跨文化交际能力打下坚实基础。还有，儿童汉语学习者所在国家和地区的语言、文字、文化的差异及教学理念、教学环境、教学政策的不同都会直接影响到汉语教学的实行和效果，为了减少儿童汉语教学过程中的阻碍，提高教学效率和质量，甚至为了儿童汉语教学事业的顺利推进，在以文化视角进行观察和分析基础上，进行国别化的汉语教学是何等必要和重要。不仅如此，从语言建构中文化的作用以及结合语言、文化、文学之间的关系与儿童的语言特点来看，在文化视角下的汉语学习过程中建构出来的文化－语言才是有生命的、创造性的语言。这种语言习得不但有利于语言的理解、使用和创造，还有利于多元文化意识的形成和广阔的世界观的建立。此外，由于儿童汉语教学对象的多元智能发展需求，必须从文化视角出发改变唯语言的语言教学，从而使儿童能在符合自身的教学中发挥优势智能，获得最佳的学习效果。与此相应，文化视角下的儿童汉语教学是多渠道、多功能的教学，在促进儿童心智全面发展方面具有重要意义。因此，儿童汉语教学需要有文化视角，儿童汉语教学的文化视角的建立也需要从以上七个方面来思考。

第四章

文化视角下的儿童汉语教学法

第四章　文化视角下的儿童汉语教学法

有关汉语教学法的研究很多，国内外有关"儿童汉语教学法"或"小学汉语教学法"的研究也陆续出来了不少，还有市面上的儿童汉语教材也体现出了与之相应的教材编写者主张的教学方法。笔者也想在本书中探讨一种新的教学法，笔者称之为"文化视角下的儿童汉语教学法"。那么，文化视角下的儿童汉语教学法是什么样的教学法呢？为什么可以认为它是一种新的儿童汉语教学法呢？有关这两个问题，可以分以下三个方面来作答：

第一，文化视角下的儿童汉语教学法不是单纯的被运用于具体的课堂操作层面的教学手段，而是一种可以体现出对语言和文化有着高度关注的新的汉语教学理论和思维的新型教学法。何以见得？因为它有别于有关儿童汉语教学法研究的一般论文以及一般教材中呈现出的教学思路。举几个例子来说明。关于儿童汉语教学的方法，有些论文谈到利用"童谣""歌曲"等进行教学，并说明了原因和教学步骤，但是却忽视了选择什么童谣和歌曲来进行教学以及为什么选择这些童谣和歌曲。不仅如此，诸如此类的论文千篇一律，往往只关注了教学方法对语言习得的作用，却没有关注到"文化"。也有一些论文注意到了"文化"，比如探讨"（儿童/小学）汉语教学中文化的作用"或"（儿童/小学）汉语教学中的文化教学"的论文，此类论文大多是隔靴搔痒，只停留在表面，探讨的结果只是通过对一些文化现象的介绍或文化体验来丰富课堂，激发学习者的学习兴趣，增强他们对中国"文化"的理解。直言不讳地说，如此的"文化"只是课堂氛围的调节剂，如此的"文化"教学只是语言教学的附属品，如此的教学法是较为单纯的课堂教学手段。它不是在文化视角下产生的或被发现的，不能被当作真正的关注"文化"以及"语言与文化"的文化教学法。再比如，现有的汉语教材或儿童汉语教材，尤其是海外出版的教材中，大部分教材都设有文化单元或文化和旅游部分。这些文化单元或文化和旅游部分往往是位于语言单元或语言部分的后面，内容不一定与前面的语言单元或语言部分相关，基本都是介绍中国的一些日常生活常识（包括饮食、交通、学校生活、家庭关系，等等）和文化现象（包括节日、艺术、数字文化，等等），这实际上仍是将语言与文化区别化的教学，仍是将文化教学附加在语言教学之后的教学，这种教学使得学习者通常只能接触到文化的"表面"而接触不到文化"内里"，很难从根本上帮助学习者进行"文化建构"和与之相关的"语言建构"，因为它忽视了语言与文化的联系以及文化内部的联系。这种不具备"文化视角"的文化教学法是名不副实的。此外，"语言教学部分＋文化教学部分"的教学设计必定需要延长教学时间，或者将教学时间一分为二来利用。如果将教学时间一分为二来利用，教学就容易失去连贯性，教学效果受到削减的同时，语言教学与文化教学明显对立起来。如果将教学时间延长，一则与儿童学习者注意力难以长时间集中的特点不相符，二则与很多学校的儿童汉语课程设置不相符。不仅如此，这种语言与文化的分立式教学需要学习者有意地在语言学习和文化学习之间转换，这就会增加儿童语言与文化习得的难度。与之相比，文化视角下的"文化–语言"统一的教学法才是"新"的教学法。它能使儿童学习者自然地接触文化，不知不觉中产生对语言、文化的兴趣，树立起文化意识并逐渐获得语言建构能力、文化建构能力和跨文化交际能力。

第二，文化视角下的儿童汉语教学法不是孤立的教学法，而是联系中的教学法，是在高度关注了"儿童"明确了科学化的教学目的并对教学内容进行了充分考虑的情况下提出的有突破性、针对性和实用性的教学法。一般来说教育有五个基本要素，即教育主体、教育客体、教育目的、教育内容和教育方法，通俗些说，就是"谁教""教谁""为什么教""教什么""怎么教"。教育主体，一般是指教师，教育客体就是教育对象了。文化视角下的儿童汉语教学要求教育主体除了具有专业知识和教学技能外，还应该具有文化视角和长远的目光，对儿童的教育不能"急功近利"，应"循序渐进""浸润无声"。因为教育的对象是儿童，所以需要格外注意观察儿童。观察儿童的共性与个性，以做到因材施教。儿童在某一阶段的认知特点，儿童注意力最多只能集中 15 ~ 20 分钟，好动好想象，喜欢音乐、图像和游戏，善于模仿和短期记忆等都属于儿童的共性。儿童的母语及母语文化背景、所处的教育环境和成长环境，儿童的性格及智能特点，儿童的已有汉语水平等都属于儿童的个性。只有在充分了解和完全把握了"教学对象"的前提下，才能有针对性地去思考教学目的。文化视角下的儿童汉语教学的教学目的，不只是停留在通过教语言来培养语言能力，而是通过文化–语言的教学，来提高儿童学习者的学习兴趣，帮助他们培养语言建构能力、文化建构能力，树立广阔的世界观，促进儿童多元智能的发展和身心发展。其根据就在于上文中谈到的有关"儿童汉语教学文化视角"的七个方面。明确了教学目的，并根据对教学对象的分析，笔者在思考如何使教学符合教学对象，如何实现教学目的后，提出了文化视角下的儿童汉语教学法。但这种教学法不仅包含如何进行教学的方法，还包含了对教学内容的考虑，因为教学内容和教学方法互相关联、相互作用。在文化视角下的"文化–语言"通合教学法的主张下，被选取的教学内容就应是能使学习者同时进行语言习得和文化习得的"精华"内容；而这些内容又将使得教学的展开必须遵照"文化–语言"通合教学的方法进行。笔者认为教学主体、教学对象、教学目的、教学内容、教学方法构成了一个圆形，首尾相连，环环相扣，而"文化视角下的儿童汉语教学"就处在圆心，"文化视角下的儿童汉语教学法"正是在把握整体结构和重视各个环节的条件下产生的。

  第三，文化视角下的儿童汉语教学法是有生命的教学法，它存在于不变与变化中。上文提到文化视角下的儿童汉语教学法是一种教学理念和思维的体现。此法必须具有文化视角，关注到与文化视角相关的七个方面，这是不变的。但由于儿童汉语教学的国别化，儿童学习者的个性化，此法也不得不变化，不得不根据实际情况而具体化。比如，以欧美儿童为对象的汉语教学与以日、韩儿童为对象的汉语教学，虽然都是在文化视角下探究出的教学法，但以欧美儿童为对象的汉语教学法与以日、韩儿童为对象的汉语教学法，以及与教学法相适宜的教学内容，自然是不尽相同的。

  为了更好地探讨文化视角下的儿童汉语教学法，也为了更详细地阐述笔者有关儿童汉语教学的观点和展现教学思维。笔者有意在本书中，就以韩国儿童为对象的汉语教学为示范，探究文化视角下的以韩国儿童为对象的汉语教学法以及与它相适应的教学内容。希望能帮助读者理解，达到举一反三的目的。

第五章 文化视角下的韩国儿童汉语教学法

第五章　文化视角下的韩国儿童汉语教学法

第一节　以韩国儿童为对象的汉语教学法

在文化视角下探讨"以韩国儿童为对象的汉语教学法"也必须在充分认识和考虑了教学对象、教学目的和教学内容的情况下展开。首先，教学对象是"韩国儿童"，儿童的年龄范围和儿童的共同特征在前面已有说明，这里不再重复。需要斟酌的是"韩国"二字。它包括中国和韩国、中国人和韩国人、汉语与韩语、中国文化与韩国文化，韩国的儿童汉语教学情况等。中国与韩国有着深厚的历史文化联系，同属于汉字文化圈和儒家文化圈，韩语中有大量的汉字词，中国与韩国有着相近的文化，中国人和韩国人有着相近的观念。"相近"虽有别于"相同"，但如果能把握其中的异同，特别是"同"的方面来进行教学，就会使"习得"变得容易起来。不仅如此，笔者认为中、日、韩三国之间的"同"是三国现在和未来的文化交流中的"着力点"，是东亚三国共同的文化瑰宝，关注三国之间的"同"，对于东亚语言和文化建构、东亚地区的交流来说具有重要意义。至于韩国儿童汉语教学的情况和相关问题，前面章节也有介绍。在韩国有越来越多的儿童开始学习汉语，但公立的幼儿园和小学目前是把汉语课当作外语教育项目之一来设置，只有部分私立小学和幼儿园把汉语列为必修课，而且大部分学校的汉语课程的周学时为1~2小时。综合"韩国儿童"这一教学对象的背景和所处的教育环境，笔者认为以韩国儿童为对象的汉语教学必须有两个基本的目标：一是培养韩国儿童对中国和汉语的兴趣；二是让学习者在学习汉语的同时接近中国文化，有意识或无意识地体会中、韩文化之间的异同。以韩国儿童为对象的汉语教学法也必须有两个基本点：一是必须符合"儿童"的特征和语言习得原理；二是必须在文化视角下诞生，并能将汉语和韩语、中国与韩国联系起来。汉、韩语言与文化之间的联系的建立可分为两个类型：一种是"直线型"，即直接在中、韩之间发现或建立联系；一种是"曲线型"，即以他语言文化为桥梁，间接在中、韩之间建立联系。根据这两种类型，教学内容的选用有所不同。"直线型"可选用从历史上延续下来的中、韩之间的汉字材料或在汉语材料和韩语材料中选用有对比或类比价值的材料；"曲线型"可选用一些经典和有名的翻译材料。

通过以上对教学对象、教学目的和教学内容的观察，笔者带着文化视角提出了适合韩国儿童汉语教学的六种教学法：童谣教学法、诗歌教学法、绘本教学法、游戏教学法、读经教学法、四字成语教学法。

第二节　六种教学法的排序和依据

以上韩国儿童汉语教学的六种方法按童谣教学法、诗歌教学法、绘本教学法、游戏教学法、读经教学法、四字成语教学法的顺序提出，使用时也需要循序渐进。这种顺序符合并体现着儿童语言习得的规律以及韩国的相关教育大纲的内容。

一、符合"听—说—读—写"的顺序

六种教学法之间存在着与"听—说—读—写"能力发展阶段相对应的顺序。童谣教学法和诗歌教学法适用于处于听、说能力发展阶段的儿童。绘本教学法适用于听、说能力发展阶段和阅读能力的初级发展阶段的儿童。读经教学法与四字成语教学法无论如何进行具体运用，其重点都在于对"认读"与"书写"能力的培养，所以这两种教学法适用于进入读、写能力发展阶段儿童。游戏教学法则因不同的游戏内容和形式可以适用于处于听、说、读、写能力发展的任何一个阶段的儿童，尤其适用于学龄前儿童。据研究人类的听觉能力自出生起开始逐渐发展，出生3天的婴儿就可以辨认出母亲的声音。婴儿天生就有感知音乐的能力，出生未满10个月的婴儿可以辨别现存所有语言中使用的各种音素。幼儿在生长到2个月时，就开始咿呀作语，从生长到6个月时起，咿呀作语的数量增加，质量也有所提高。咿呀作语是语言发展的基础。待到幼儿1岁左右，便开始说话，这一时期的特征是反复说单音节词，大约1年6个月过去后，开始将两个词合在一起使用来表达意思和感情。从2岁起，幼儿的词汇量开始逐渐增加。（김경희，2003）由此，我们可以知道人类的听觉发展先于语言的发展，"听"先于"说"，"听"是为"说"做准备的。那么"读"和"写"呢？"读"包括读图和读文字材料。人类从0岁起就有读图的能力。据相关研究，幼儿在刚出生时视觉的灵敏度就非常高了，他们能觉察出"明"和"暗"以及分辨颜色。（김경희，2003）但是一般情况下，所谓"读"，多指读文字材料，即通过阅读文字来理解文字材料的内涵和拓展思想的行为。"阅读"能力的发展过程可以看作是从以声音为载体的语言向以文字为载体的语言过渡的阶段。J.Chall（1967）曾将人类"读"的能力的发展分为"0~5阶段"。"0阶段"作为进入"读"的前阶段，指从个体出生到进入小学之前的那段时期。在这一阶段，儿童在使

第五章　文化视角下的韩国儿童汉语教学法

用某种文字体系的文化圈内进行生活的同时，不断积累着与文字、词语、文章、书籍等相关的知识，逐渐变得能理解语言的各个面（比如词语和句子）并能把握词语的特性。"1阶段"作为"读"与文字解读阶段，指从小学1年级到2年级时期。这一时期的"读"的特点表现为文字体系的习得，即将发音和文字对应起来。"2阶段"是"读"变得流畅的阶段，指从小学2年级到3年级时期。这一时期的"读"不是为了获得新的信息，而是通过巩固第1阶段的所学，使"读"变得熟练和流畅。"3阶段"是为了获得新的知识、信息、思想和经验而"读"的阶段，通常指小学高年级以后的时期。"4阶段"是通过"读"来获得多种观点，并通过对多种观点的思考来确立自己的观点或习得概念的阶段，通常指中学阶段。"5阶段"是"读"的成熟阶段，一般指18岁以后的时期，这一时期的"读"表现出高度的抽象性和知识的构成。"0～5阶段"中的"0阶段"可看作读的准备阶段，"1阶段"可看作读的初始阶段。从时间上来看，可以得知"读"是紧跟在"听""说"之后发展起来的。最后是"写"的能力。我们通常所谓的"写"是将大脑中所想用文字表现出来，是在掌握了文字、词汇、语法和写作技法的基础上传达思想和感情的方式。由此可知，"写"和"读"虽然同属于人在以文字为载体的语言方面的能力，但"写"是比"读"更成熟的阶段。"听—说—读—写"的顺序是人类习得语言的一般规律。儿童汉语学习也应遵循这一规律。儿童汉语学习者应先通过"听"和"说"来练习发音、培养语感、学习词汇和领悟说话的规则。以听说为基础交际能力也将在这一过程中得以发展。随后是通过读和写来理解以汉字为载体的汉语和以汉字来传达意思、进行交流。其实这种渐进的顺序也与人类社会整体的发展过程相符合。在文字出现之前，人类就是通过"说"、身体语言、图画和各种记号来进行交流和记事的。比如，很多民间歌谣、古老的传说、生产技术等就是通过口传的方式流传下来的，还有远古时候的"结绳记事"，等等。文字自出现后就成了人类交流的一种重要方式。由于文字具有跨时空性，人类常用文字来记录和创作，表达意思和感情以实现交流的目的。人类社会经历了从听、说与读图的史前时期到读、写文字的历史时期的过渡。即听、说、读图是人类在原始时期就已经具备的能力，而文字读写能力则是在人类发展到一定程度后才具备的能力。由此可知，无论是人类社会整体的发展，还是人类个体的发展，都遵循由非文字的声音语言到文字语言的递进规律。童谣教学法、诗歌教学法、绘本教学法、游戏教学法、读经教学法、四字成语教学法，这六种儿童汉语教学法也是基于"听—说—读—写"的规律提出的，它们的使用也大致遵照这个顺序。

二、符合由简入繁的顺序

六种教学法之间存在着由"简"入"繁"的顺序。这不仅是汉语学习时需要注意的顺序,还是任何一种学习需要遵守的基本原则。在教育者按照渐进的顺序,采用童谣教学法、诗歌教学法、绘本教学法、读经教学法和四字成语教学法实施教学的过程中,教学对象被调动的感官随之增加,各感官之间的协作也随之变得频繁。因为童谣教学法和诗歌教学法要求学习者用耳听并动口跟读或跟唱;绘本教学法要求学习者用耳听,用眼看并动口模仿;读经教学法和四字成语教学法要求动口诵读,用耳听,用眼看,用心记;游戏教学法则根据游戏的内容和形式,可能调动所有感官,也可能调动部分感官。

还可以从儿童第二语言习得的特征来观察这种顺序。受语言习得"临界期"假说的影响,学者们对第二语言教育的最佳时期进行了研究和讨论,结果发现不同年龄阶段的学习者在第二语言习得中表现出不同的优势。儿童学习者,尤其是学龄前儿童记忆力差,抽象思维和逻辑思维还未形成,但由于听觉敏锐,模仿能力强,少拘束、少焦虑,好动,好说话,所以在语音习得方面具有绝对优势。据此,以低幼儿童为对象的汉语教学可以利用由短句和韵律构成的童谣和诗歌为学习者创造锻炼汉语发音和培养汉语语感的机会,也可以利用绘本来培养学习者的集中力和"说"汉语的能力,因为绘本里包含着诗一般优美的语言和引人入胜的图画。随着年龄的增长,个体的认知能力、集中力和记忆力都在逐渐发展。据研究儿童具体运算能力的形成时期大约在6岁,符号化策略也形成于这一时期。6~9岁间的学龄儿童普遍能使用符号化策略进行有效记忆。(김경희,2003)不仅如此,参照韩国初等学校1~2年级国语教育大纲,就会发现大纲规定了"朗读字、词、句"和"正确写字"的内容和要求。这虽然是有关韩国国语教育的内容和要求,但我们可以从中得知这个年龄段的儿童已经具备了识字能力。因此,相对于童谣教学法、诗歌教学法、绘本教学法和游戏教学法来说,比较复杂的读经教学法和四字成语教学法可以从这个时期开始使用。这两种教学法融合了汉语、汉字和汉文化经典,对学龄儿童汉语学习者来说不仅合适而且有着深远意义。

再者,从第二语言习得之"情感过滤假说"的角度也可以理解儿童汉语教学法由简入繁的顺序。美国应用语言学家斯蒂文·克拉申(Steven Krashen)于19世纪80年代初提出了语言习得之"监控模式(monitoring model)"。这一模式的核心是"情感过滤假说(affective filter hypothesis)",它强调语言习得过程中情感的作用。情感过滤与学习者的学习动机、自信感、心理状态（包括上文提到的"拘束""焦虑"等）等相关联，当学习者缺乏强烈的学习动机和饱满的自信感而多一些焦虑时，情感过滤就会变高，导致学习者内在的语言机制不能很好地接受语言输入；反之学习者带着强烈的学习动机和饱满的自信感且少一些焦虑时，情感过滤就会降低，语言习得也就成为可能，语言习得的效果也会更好。儿童汉语学习由"简单"的童谣、诗歌、绘本、游戏开始不仅可以减少儿童在学习过程中的紧张感、焦虑感、挫折感，帮助儿童学习者树立信心，激发儿童的兴趣和求知欲，还可以通过这一阶段的语音、语感和词汇方面的习得，为下一阶段的较为"繁"的读经学习和四字成语学习做准备。

三、符合由"旧"至"新"的顺序

六种教学法之间存在着由"旧"至"新"的顺序，这里所谓的"旧"是"熟悉"的意思。童谣、诗歌和绘本是儿童文学里常见的体裁，是儿童熟悉且喜欢的文学类型。因此在儿童汉语教学的初级阶段采用童谣、诗歌和绘本教学法比较容易让他们接受。根据克拉申的"输入假说（input hypothesis）"，语言习得只有可理解性输入的情况下才有可能。可理解性输入是指比学习者的现有水平略高一个阶段的输入，如果将学习者的现有水平设为"i"，则"i+1"的语言输入可以被学习者接受从而成功地实现语言习得。如果输入的水准过高，远超出现有水平，则会给习得带来极大的困难，不利于语言习得；如果输入的水准过低，则会使学习者失去兴趣，使习得失去意义，也不利于语言习得。依此来分析一下六种教学法和与之相应的教学内容之间的顺序。起初通过童谣、诗歌、绘本来学习汉语和文化，符合"i+1"原则，是利用儿童熟悉和喜好的内容和方法来进行的。之后，提升一级台阶，利用经传和四字成语，将汉字导入进来，进行汉语和文化的学习，也是符合"i+1"原则的。김세희（1990）提出童谣和童诗都属于抒情诗和韵文。松居直在他的著作《儿童与绘本》中提到绘本是一种需要用耳朵聆听的优美的文学，它如诗一般带富有语言的愉悦感、节奏和声音的乐趣。而经传中的韵文和四字成语也包含着语言的节奏和声音的乐趣。换而言之，先通过童谣法、诗歌法和绘本法习得汉语的节奏和声音的长短等汉语的特征，过渡到经传和四字成语教学法的使用阶段，学习者就不会有强烈的陌生感。即使经传的篇幅比起童谣、诗歌和绘本长很多，但如果有选择地进行分段教学，学习者是可以接受的。此时，经传和四字成语教学法中包含的汉字部分可以看作是"i+1"中的"1"。汉字的习得也应该循序"i+1"原则，从认读开始慢慢

向读写过渡。

四、符合韩国的幼儿园与初等学校教育纲要

参照第三章第五节儿童汉语教学国别化中关于韩国教学大纲的研究讨论部分，可以得出以下四个结论：

（1）童谣、童诗、童话教学法适用于学龄前儿童和小学1～4年级儿童，年龄范围大约是3～10岁。

（2）小学1～2年级，即6～8岁左右的儿童进入识字和"读"的阶段，而学龄前可以看作是在进入"读"之前的准备阶段。

（3）如《2018年初等学校修订教育大纲国语·文学部分各年级教学内容》所示，绘本出现在1～2年级的文学教学中，由此可知绘本教学法对七八岁的儿童仍然是适用的。又根据김세희（2010）第四章"幼儿发展的特性化文学"可知绘本的适用对象范围一般为0～8岁的儿童。结合本书的研究对象年龄范围，可以断定韩国儿童对象之汉语教学的绘本教学法适用于3～8岁的儿童。笔者是在参考了韩国的幼儿园与初等学校教育大纲的基础上，提出这六种教学法的，所以这六种教学法当然符合韩国的幼儿园与初等学校教育大纲。

（4）经传教学法和四字成语教学法对进入识字和"读"阶段的儿童更为合适，所以它的适用对象年龄范围应在七八岁到十一二岁。

以上是有关以韩国儿童为对象的汉语教学的教学法适用年龄的分析。但是我们不能绝对地认为某种教学法必定适合某个年龄段的学习者，也不能绝对地认为某种教学法就一定不适合某个年龄段的学习者。其原因有二：一是因为学习者存在个体差异，比如性格、兴趣、优势智能等差异；二是因为受学习目标的影响，比如，如果把教与学的目标设定得低一些，则适用于学龄期儿童的"经传教学法"和"四字成语教学法"也可以用于以学龄前儿童为对象的汉语教学。此外，需要提一下游戏教学法。游戏教学法不仅可以刺激儿童学习者的感官，使他们积极地参与到学习中去，还可以将汉语语音、词汇、语法、文字、文化的学习贯穿起来。它适用于全年龄段的儿童和各阶段的汉语教学，不仅可以单独使用，还可以与其他教学法结合使用，是以儿童为对象的汉语教学中不可缺失的教学法。

笔者将在接下来的六个章节中对在文化视角下提出的六种以韩国儿童为对象的儿童汉语教学法进行具体说明，并探究如何带着文化的视角去选择与其相适应的教学内容和如何站在语言-文化的角度去使用这些教学法。

第六章
童谣教学法

第一节　童谣的概念

　　什么是童谣？童谣与儿歌的概念相同吗？"童谣"一词最早出现在《列子·仲尼》中：尧乃微服游于康衢，闻儿童谣曰："立我蒸民，莫匪尔极。不识不知，顺帝不测。""儿歌"一词则诞生于"五四运动"时期的"歌谣运动"中。周作人曾在其《儿歌之研究》中说道"儿歌者，儿童歌讴之词，古言童谣"。现在的学者对"童谣"与"儿歌"的概念持两种观点：

　　一种观点认为"童谣"与"儿歌"是不同概念。持这种观点的学者们认为"童谣"是大人教给孩子的一种无曲而吟诵的韵文；"儿歌"则是合曲而唱的儿童歌。"童谣"多反映社会现象和社会问题；"儿歌"则以儿童生活相关联的内容为主。

　　另一种观点认为"童谣"与"儿歌"是相同概念。最早持这种观点的人是周作人，上文中已有提及。中国当代儿童文学评论家朱自强先生认为"儿歌就是指民间流传的或文人拟作的供儿童吟唱的歌谣。对'儿童歌谣'取一、三两个字，就是'儿歌'；取二、四两个字，就是'童谣'。在古代，人们多采用'童谣'称谓，在现代，人们则多用'儿歌'的称谓"。（朱自强，2009）

　　比较以上两种观点，加之在韩语里只有"童谣"一词，本书取用朱自强先生的观点，将童谣与儿歌看作相同。

　　一般情况下，按照童谣的创作时间或歌唱形式可以将童谣分为"传统童谣"和"现代童谣"两种，"现代童谣"又被称作"新童谣"，一般指"五四新文化运动"以后创作的，合曲而歌的童谣。按照语言来分，可以分文中国语童谣和外国语童谣，普通话童谣和方言童谣。按照功能来分，可以分为教育童谣、哄睡童谣、游戏童谣，等等。按照童谣的艺术形式来分，可以分为摇篮曲、游戏歌、数数歌、绕口令、连珠体童谣[①]、问答调、谜语歌、滑稽

[①] 连珠体童谣是指利用连珠法创作的童谣，这类童谣的特征为前一句的末尾和后一句开头相同。比如："野牵牛，爬高楼；高楼高，爬树梢；树梢长，爬东墙；东墙滑，爬篱笆；篱笆细，不敢爬，躺在地上吹喇叭：嘀嘀嗒！嘀嘀嗒！"（金波《野牵牛》）

歌①、时序歌、字头歌②等。③笔者将可以应用于以韩国儿童为对象的汉语童谣教学法的童谣分为"传统童谣"和"现代童谣"两大类,其中"现代童谣"又可以分为"创作童谣"和"翻译童谣"。

第二节　童谣的特征

周作人曾就童谣特征说道:"儿歌重在音节,多随韵结合,义不相贯。"这个意思是说儿歌重视节奏和押韵,而不重在意思,因为意思不一定连贯。这不禁让人想起,卡尔·刘易斯在《爱丽丝梦游奇境记》中创作的许多节奏明快,韵律整齐,但意思颠倒混乱的儿歌。蔡尚志(1982)认为"浅显易懂的内容,自然流利的音韵,短俏生动的短句,儿童熟悉的背景,充满游戏的情趣,千奇百怪的幻想"是童谣的特点。蒋风(1983)认为童谣大多是内容健康,主体单一,语言凝练,旋律优美。黄云生(2001)提到了童谣具有"自然合节的音乐性、天性活泼的稚拙美和歌戏互补的可操作性"。朱自强(2009)强调了童谣的趣味性、浅易性和音乐性。笔者根据以上几位学者的研究,总结童谣特征如下:

一、优美的音乐性

音乐性可以被看作童谣的生命。与背景音乐或旋律无关,童谣自身具有优美的音乐性。童谣在英语里被叫作"nursery rhyme","ryhme"是指诗或歌中的押韵。童谣通过押韵形成韵律和节奏从而获得音乐性。比如,在童谣《小蜜蜂》里的"工""匆""浓""冬""虫"全部押"ong"韵。还有"嗡"字的"eng"韵与"ong"韵都以"ng"结尾,营造出蜂鸣的效果。

---

① 滑稽歌是一种表现出与现实颠倒的童谣,具有谐谑荒诞的特征。比如:"小槐树,结樱桃,杨柳树上结辣椒。吹着鼓,打着号,拉着大车抬着轿。蚊子踢死驴,蚂蚁踩塌桥。木头沉了底,石头水上漂……"(《小槐树》)
② 字头歌从很早以前就有,是一种将"子"字、"头"字、或儿化韵置于每句的句尾来押韵的童谣。比如在"小珍子,卷袖子,帮助妈妈扫屋子,擦桌子,擦椅子,拖得地板像镜子,照出一个好孩子"中,每句的尾字都是"子",用"子"字来押韵。
③ 此分类参考朱自强先生的《儿童文学概论》。

小蜜蜂

嗡嗡嗡，嗡嗡嗡，

大家一齐勤做工。

来匆匆，去匆匆，

　做工趣味浓。

天暖花好不做工，

将来哪里好过冬。

嗡嗡嗡，嗡嗡嗡，

　别学懒惰虫。

朱自强（2009）先生还提出童谣的音乐性与音尺有关。音尺原本是诗学的概念，相当于现在所谓的音节。音尺分为一字尺、二字尺、三字尺，与音节中的单音节、双音节和多音节相对应。清晰整齐的音节排列赋予童谣和谐悦耳的节奏。比如，下面的童谣《上山打老虎》就是由二字尺和三字尺成句且每句都是按这种音尺排列的。

上山打老虎

一二/三四五，上山/打老虎

老虎/打不到，打到/小松鼠。

松鼠/有几只，让我/数一数。

数来/又数去，一二/三四五。

还有我们熟知的《幸福拍手歌》也是一样：

幸福拍手歌

如果/感到/幸福，你就/拍拍手。

如果/感到/幸福，你就/跺跺脚。

如果/感到/幸福，你就/伸伸腰。

如果/感到/幸福，你就/挤挤眼。

如果/感到/幸福，你就/拍拍肩。

如果/感到/幸福，你就/拍拍手。

反复且整齐的音尺排列赋予了童谣强烈的节奏感，强烈的节奏感能刺激儿童的大脑，有利于儿童朗读和记忆。不仅如此，心理学家认为，低幼儿童对音乐的敏感几乎是本能的、先天的，音乐韵律合乎人的心律跳动，会引起儿童生理的快感。童谣的音乐性绝不亚于语义。

二、一个主题下内容简单

作为儿童文学体裁之一的童谣也是一种歌谣，属于口头文学。因为其对象是儿童，所以它必须符合儿童的认知水平，联系他们的生活经验并考虑到他们的感情，童谣往往是围绕着一个主题，由简单的内容构成的。比如上面提到的"幸福拍手歌"，它就只围绕着"你幸福吗"这一主题，不断更换动作，让儿童跟着律动起来。还有《两只老虎》就是对两只老虎的怪诞的外貌描写。

三、精炼的结构

童谣一般比较简短，常使用连珠法和反复等修辞技巧，反复包含有句子结构的反复和内容的反复。比如，《生日快乐歌》从头到尾重复短小的一句话，《十个印第安小男孩》同一个句子结构从头到尾反复出现，这使得童谣易唱易记。

四、纯朴的语言

与儿童的认知能力和理解力相适宜，语言纯朴是童谣的一大特征。"纯朴"不是意味着"无趣"，而是意味着没有复杂的语法结构和华丽的辞藻。比如，童谣《三只熊》只用了"胖胖的""瘦瘦的"和"可爱"来描写熊爸爸、熊妈妈和熊宝宝。

五、生动形象

形象化是儿童文学的基本特征。儿童本就很难理解抽象事物，但他们可以理解用具体形象的语言描写出来的事物。生动形象的童谣语言符合儿童的这一特征。比如，童谣《哆来咪》在说明抽象的音符时，将这些音符与日常生活中常见的具体事物联系起来，并用生动形象的语言向儿童说明，使得儿童能够联系生活经验来理解。这种生动形象的语言不仅能激发儿童的兴趣，还能培养儿童的联想能力和语言表达能力。

六、想象的乐趣

儿童好奇心强，想象力丰富。在儿童的眼里，所有事物都有生命。比如，一个孩子在咬了一口饼干后看着被咬饼干的模样，可以把它想象成一只小狗并开始和它进行对话。儿童一般不区分生活和游戏，生活就是游戏，他们的生活总是新鲜有趣。儿童喜欢童谣是因为童谣优美，充满想象力，还很有趣。比如，童谣《小星星》将一闪一闪的星星想象成眨巴眨巴的眼睛，其趣味和幻想能满足儿童的需要。有些儿童在听到这首童谣时，甚至会伸出小手与天上星星打招呼，与它们对话。

第三节 童谣与儿童汉语教学的关系

将童谣用于儿童韩语教学的研究和实例已有不少。比如，活跃于澳大利亚的周晓康博士多年来利用童谣法进行教学，并将教学用的童谣汇编成《晓康歌谣学汉语》，此教材受到很多汉语学习者的欢迎。还比如，韩国三星出版社下属儿童教育部门 Smart Study 研发的儿童教育应用程序"碰碰狐"（pinkfong）里就有"汉语童谣"栏目，让孩子们轻松快乐地跟学汉语童谣并跟着童谣律动起来。由此可知，童谣教学法是儿童汉语教学中一种适宜的方法。但是，童谣与儿童汉语教学究竟有怎样的关系呢？应该选取什么样的童谣，应该如何利用才能获得最佳的学习效果呢？下面我们就这些问题来进行探讨。

一、童谣与儿童的关系

童谣与儿童的关系可以从童谣与儿童生理特征、心理特征以及语言特征三方面的关系来进行观察。

（一）童谣与儿童生理特征的关系

与成人不同，儿童的大脑、神经、发音器官和听觉器官都处于发育中，这些生理上的发育是儿童语言发生与发展的必需条件和基础。据研究，儿童耳内的基底膜的感觉能力比成人耳内的基底膜感觉能力强，所以儿童的听力更为敏锐。作为声音材料的童谣能帮助儿童发展听力并形成对语言的感觉能力。3岁以后的儿童随着脑细胞的增加和神经髓鞘形成，其认知能力和记忆能力都在继续发展。这一时期的儿童喜好形象、生动且有趣的事物。童谣刚好可以满足儿童的需求。加之，学龄前儿童具有记得快、忘得快的特征，内容精炼、韵律和节奏感强烈的童谣也就成了适合儿童学习的材料。

（二）童谣与儿童心理特征的关系

大部分儿童是通过感觉来认知世界的。正如他们喜好鲜明的色彩一样，他们也非常喜好音乐。哥伦比亚大学师范学院幼儿音乐教育专家 Alice 认为没有一个正常的儿童不喜欢音乐，声音和行动是儿童生活中最有趣的两大要素。还有学者认为童谣的节奏和变化的旋律对儿童想象力的发展和美感的提高有促进作用。再者，如我们所知，儿童的注意力不能在长时间内得以集中，而节奏鲜明、生动活泼、形象且有趣的童谣可以缓解这一问题。此外，童谣还与儿童的感情特征相符合。相关研究表明，儿童的感情主要与他们在日常生活中的基本欲求，其社会性以及其好奇心是否得到满足相关联。从这三个方面来看，大部分童谣是可以满足儿童的。比如，韩语童谣《西红柿》（토마토）《牛奶》（우유），英语童谣 *This is the way*、*little tiger*，汉语童谣《睡吧，我亲爱的宝贝》等分别与儿童日常生活中的吃、穿、睡相关联。英语童谣 *The More We Get Together*、韩语童谣《蚂蚁跑腿》（개미심부름）、汉语童谣《丢手绢》等都与儿童的社会欲求、与儿童和他人的交际相关联。法语童谣《蝴蝶》（*Le Papillon*）、英语童谣 *Where Is Thumbkin*、韩语童谣《你来我家做什么》（우리집에 왜 왔니）、汉语童谣《两个小娃娃正在打电话》等都是以问答形式构成的。实际上，儿童喜欢通过提问的形式去找答案，这些童谣满足了儿童的好奇心，他们能在问答的过程中获得快乐。

（三）童谣与儿童语言特征的关系

儿童阶段是语言发展的阶段，儿童对语言刺激非常敏感。他们好听、好说、好模仿，尤其喜好表现声音的词。与之相应，童谣中经常出现双声词、叠音词、叠韵词和拟声词。儿童根据所听，通过模仿的方式来掌握发音，习得词汇与句子。但是儿童的语言习得从单个词汇开始，到完整的句子，是一个渐进的过程。篇幅短小、句法简单、词汇丰富的童谣，符合儿童的语言习得特征。此外，童谣在内容和声音上的反复，不断带给儿童刺激，使之在反复的过程中自然地习得语言。比如，从1997年到2001年，在世界各地获得极高收视率的儿童电视节目"天线宝宝（Teletubbies）"就是通过反复使用简单的语言和色彩鲜明的影像来吸引儿童的注意力并促进他们的语言习得。如是，童谣的魅力也在于语言的反复和反复的语言带来的乐趣。

二、童谣与汉语教学的关系

在分析童谣与汉语教学关系之前，有必要先对童谣与记忆的关系做一下说明。实际上包括语言学习在内的所有学习都会受记忆力影响而获得不同效果。童谣与记忆的关系对探讨童谣与汉语教学的关系非常重要。童谣可以促进记忆并提高记忆能力，其原因可以从以下两个方面来进行说明。

第一是因为童谣讲究押韵并常使用反复的技法。根据相关研究，人受到外部刺激，就会通过传导物质传达给神经，记忆的形成过程与神经树状突起的膨胀、扩张和成熟过程相关联。神经树状突起的膨胀、扩张和成熟与细胞间频繁的对话，以及神经传导物质受容体的增加直接相关。而细胞间频繁的对话和神经传导物质受容体的增加需要大量持续的强烈刺激。因为在神经树状突起的表面聚集着很多神经传导物质，其中有一种"NMDA 受容体"（N-methyl-D-aspartic acid receptor，即为 N-甲基-D-天冬氨酸受体）与记忆紧密相关。只有当"NMDA 受容体"的门被打开，"Na^+"与"Ca^{2+}"等离子通过"NMDA 受容体"时，才能制造出更多能产生和促进记忆的物质以及这些物质的受容体，从而使神经树状突起膨胀并成熟。在这一过程中大量反复的强烈刺激作用使"NMDA 受容体"的大门频繁打开。童谣里就经常出现词语和句子的反复以及韵的反复，不仅如此，听童谣的时候还常常伴有影像资料和互动。这给人脑带来非常强烈的刺激，在强烈刺激的作用下，记忆被促成了，记忆力也提高了。

第二是因为童谣常以有趣的内容，形象化的语言和活泼的节奏给儿童带来好心情。据科学研究，海马旁边有着一个会影响记忆的，与感情相关的扁桃体。人类在拥有好心情时，扁桃体会受到刺激，并与海马共同作用，使记忆深化并延长。美国纽约大学神经生理学科教授 Joseph E. LeDoux 说道："若能唤起人类的感情，记忆还将被强化……感情强烈时，记忆增强，当感情进入高潮时会产生好几种强化记忆的荷尔蒙。凭借荷尔蒙，我们可以将记忆储存更长时间。这被称为闪光球效应（flash ball memory），因为这就犹如拍照时打开闪光球。"童谣及与童谣同时放映的图片及影像能带给儿童强烈的刺激并激发他们愉悦的感情，从而帮助他们深化和延长记忆。由童谣和记忆的深层关系可知，童谣教学法对儿童语言学习来说具有重要意义。美国儿童教育节目"芝麻街"就是使用童谣法让学龄前儿童自然习得英语的成功范例。那么，着眼于汉语教学，童谣法在儿童汉语教学中的价值体现在哪些方面呢？

第六章 童谣教学法

童谣在儿童汉语语言教学中有着重要作用。具体体现在音韵、句型、词汇和修辞学习方面。

（一）音韵与语感

观察当下的作为第二语言的汉语教学，就会发现发音的学习和训练所用的课时非常少，常常教完发音规则和做一些听说练习后就急于进入对话或课文，以至于发音基础薄弱，更谈不上形成对汉语的语感。第二语言教学与母语教学虽然存在许多不同，但是对于语音的掌握，不论是母语还是第二语言都需要一个听、说、练的过程。那么儿童汉语教学中，如何来帮助儿童掌握发音和培养语感呢？笔者认为韵律优美、节奏感强烈的童谣可以解决这个问题。比如，前面有关"国别化"的讨论中提到大多数汉语学习者，包括儿童汉语学习者都对汉语中 j[tɕ]、q[tɕʰ]、x[ɕ] 发音感到困难，那么下面这首童谣《我是一个粉刷匠》就可以帮助儿童学习者区分和锻炼这三个音：

我是一个粉刷匠

我是一个粉刷匠，粉刷本领强。

我要把那新房子，刷得更漂亮。

刷了房顶又刷墙，刷子像飞一样，

哎呀我的小鼻子，变呀变了样。

"匠（jiang）""强（qiang）""墙（qiang）""亮（liang）""样（yang）"押"ang"韵，形成了鲜明的韵律和强烈的节奏，读起来朗朗上口。"匠（jiang）""强（qiang）""墙（qiang）""新（xin）"声母都为舌面音，发音位置相同，发音方式却不同。儿童学习者在快乐地反复诵读童谣的过程中已经自然而然地处于语音和语感的习得过程中了。

还有，前面提到，因韩语中没有唇齿音 f[f]，所以大部分韩国的汉语学习者分不清 b[p]、p[pʰ]、f[f] 音。面对韩国儿童汉语学习者，下面这首童谣可以帮助他们进行区分和练习。

爬山坡

朋友带我爬山坡，

爬上山坡看大佛。

大喇叭里正广播，

爱护大佛不要摸。

这首童谣中"坡""佛""播""摸"以韵母"o[uo]"构成了整齐的韵律的同时，其声母 p[pʰ]、f[f]、b[p]、m[m] 有利于学习者的语音听、说训练。

再比如，《妞妞和牛牛》这首童谣，对学习者区分 n[n] 和 l[l] 的发音，尤其对韩国儿童学习者掌握 l[l] 的发音起到积极作用。

妞妞和牛牛

牛牛要吃河边柳，

妞妞护柳赶牛牛。

牛牛扭头瞅妞妞，

妞妞要扭牛牛，

牛牛要顶妞妞。

妞妞拾起小石头，

吓得牛牛扭头溜。

童谣对语音和语言整体学习的影响，林焘先生曾这样说过"我们小时候学儿歌，实际上就是在接受节拍、押韵和四声的训练。儿歌不但节拍分明，而且押韵，韵脚一般还要求声调相同。这种训练对我们长大说话写文章都有影响。一般说来，说汉语的人都有比较强的语言节奏感，说话写文章都知道要节拍匀称。例如，我们比较喜欢让单音节和单音节配合，双音节和双音节配合，觉得这样说起来才顺口，'报'和'杂志'连着说，总爱说成'报纸杂志'，不大说'报杂志'，'阅读书报'不大能说成'看书报'或'读书报'但是可以说成'看书''看报'或'读书''读报'"。（林焘，1990）儿童汉语教学也一定不能忽视对儿童汉语学习者的语音训练和语感培养。利用童谣法进行教学，对学习者的语言学习有着深远意义。

（二）句型

汉语句型主要有陈述句、命令句、疑问句和感叹句。童谣包含了这些基本句型。如表 6-1 所示：

第六章　童谣教学法

表 6-1　童谣包含汉语句型示例

陈述句	"熊爸爸很胖"（《三只熊》） "新年好"（《新年好》） "发出光和热"（《哆来咪》）
命令句	"让我们来学习！"（《哆来咪》） "大家快逃！"（《伦敦桥》） "请你照耀我"（《亲爱的太阳》）
疑问句	"你在哪儿？""你的身体好吗？"（《大拇哥在哪里？》） "再向哪儿去？"（《小白船》）
感叹句	"真奇怪！"（《两只老虎》） "哎呀！我的小鼻子，变呀变了样！"（《我是一个粉刷匠》）

由此可知，童谣教学法可以让儿童学习者在不知不觉中习得汉语的基本句型。比起枯燥的语法结构教学来说，这种方式比较容易被儿童接受。

（三）词汇

通过童谣可以接触和学习到日常生活中常用的名词、动词、形容词、副词、数词、量词和拟声词，等等。如表 6-2 所示：

表 6-2　童谣包含的汉语词类及词汇举例

名词	"头，肩膀，膝，脚"（《头，肩膀，膝，脚》）
动词	"拍"，"跺"（《幸福拍手歌》），"爬"，"摸"（《爬山坡》）
形容词	"胖胖的"，"瘦瘦的"，"可爱"（《三只熊》）
副词	"更"，"又"（《我是一个粉刷匠》）；"真"（《两只老虎》）；"快"（《我的好妈妈》）
数词	"一，二，三，四，五，六，七，八，九，十"（《十个小印第安人》）
量词	"一群鸭"（《麦叔叔有个农场》）；"两只老虎"（《两只老虎》）；"一个小印第安人"（《十个小印第安人》）
拟声词	"嗡嗡嗡"（《小蜜蜂》）；"沙沙沙"，"滴滴哒"（《小巴士》）；"嘎嘎"，"哞哞"，"呼噜"（《麦叔叔有个农场》）；"嘎嘎嘎"，"呼噜噜"（《六只小鸭子》）；'叮叮当'（《铃儿响叮当》）

此外，通过童谣还可以学习到很多常见的汉语词语重叠式。比如，"胖胖的""瘦瘦的""一天一天"（《三只熊》）、"来匆匆""去匆匆"（《小蜜蜂》）、"笑眯眯"（《哆来咪》）、"笑嘻嘻""笑哈哈"（《当我们在一起》）、"蓝蓝的"

(《小白船》)、"拍拍手""跺跺脚""耸耸肩"(《幸福拍手歌》)、"一闪一闪""亮晶晶"(《小星星》)、"小小世界"(《小小世界》)、"摇呀摇"(《伦敦桥》)、"飘呀飘""照呀照"(《小白船》)等,都是汉语词语的重叠式。

(四)修辞

修辞,如果通过知识讲解去教给"儿童",那是违背了儿童天性的。为什么呢?因为儿童天生就是诗人,充满了想象力。他们看到大人把车开进加油站,会问"汽车要吃饭吗?"看到飞舞的蝴蝶会说"蝴蝶是我们的小伙伴,我想和它玩儿"。当大人问他们想买多大的圣诞树时,他们会说"想买一个冲破房顶,通到天上的圣诞树"。儿童只能是以一种自然的方式去接触修辞,自然习得。童谣中经常使用拟人、比喻、夸张、反复、排比、对偶、顶真、起兴、摹状、设问等修辞手法。比如,《三只熊》《小蜜蜂》《亲爱的太阳》《小蜘蛛》《雪绒花》等童谣都用了拟人的手法。《雪绒花》把雪比喻成雪绒花,《小白船》把凌晨的星星比喻成灯塔,《小星星》把星星比喻成眼睛。《幸福拍手歌》《亲爱的太阳》《跟我一起拍拍手》《大拇哥在哪里》《小星星》《小小世界》《新年好》《生日快乐歌》等都使用了反复的手法,其中,《幸福拍手歌》和《大拇哥在哪里》还使用了排比的手法。《送别》中同时使用了起兴和对偶的手法。《友谊地久天长》里"友谊万岁,万岁友谊"正是使用了顶真的手法。还有,童谣中常使用的一些拟声词、拟态词和色彩词,比如,"胖胖的""瘦瘦的"(《三只熊》)、"蓝蓝的"(《小白船》)、"亮晶晶"(《小星星》)、"矮胖的"(《我是一只小茶壶》)、"嗡嗡嗡"(《小蜜蜂》)、"沙沙沙""滴滴哒"(《小巴士》)等都属于摹状手法。利用童谣法进行教学的同时,也就为儿童创造了自然接触汉语的修辞手法的条件,让儿童去感知汉语的魅力。

第四节　文化视角下的韩国儿童汉语教学之童谣教学法

从上面谈到的童谣教学法与汉语语言教学之间的关系来看,童谣自带有对儿童汉语语言教育的功能,只要教育者加以分类和利用,就可以帮助儿童学习者习得语音、词汇、句型、修辞。但童谣法的意义不止于此。文化视角下的童谣教学法还能通过实现语言-文化通合教学,帮助儿童学习者在不知不觉中受文化熏陶,自然地建立起文化意识,逐渐形成文化和语言的建构能力。

第六章　童谣教学法

文化视角下的童谣教学法涉及有关童谣的"选"和"用"。首先，笔者根据在中、韩间建立联系的两种思路——"直线型"和"曲线型"，将童谣的选用分为两大类：一种是选用汉语原创童谣；一种是选用翻译童谣。接下来，就通过一些例子来针对韩国儿童的童谣教学法具体探讨一下"选什么"和"怎么用"的问题。

（一）汉语原创童谣之"选"与"用"

①十二生肖歌

小老鼠打头来，
　牛把蹄儿抬。
老虎回头一声吼，
　兔儿跳得快，
　兔儿跳得快。
龙和蛇，尾巴甩，
　马羊步儿迈。
小猴机灵蹦又跳，
　鸡唱天下白，
　鸡唱天下白。
狗儿跳，猪儿叫，
　老鼠又跟来。
十二生肖转圈跑，
　请把顺序排，
　请把顺序排。

②十二属相速记口诀

一鼠二牛三虎头，
四兔五龙六蛇口，
七马八羊九金猴，
鸡犬猪站最后头。

③小老鼠上灯台

小老鼠，上灯台，

偷油吃，下不来。

喵喵喵，猫来了，

叽里咕噜滚下来。

④妞妞和牛牛

牛牛要吃河边柳

妞妞护柳赶牛牛。

牛牛扭头瞅妞妞，

妞妞要扭牛牛，

牛牛要顶妞妞。

妞妞拾起小石头，

吓得牛牛扭头溜。

⑤两只老虎

两只老虎，两只老虎，

跑得快，跑得快，

一只没有耳朵，

一只没有尾巴，

真奇怪，真奇怪。

⑥小白兔

小白兔，白又白，

两只耳朵竖起来。

爱吃萝卜爱吃菜，

跑起路来真叫快。

⑦小小龙

小小龙，来跳舞。
唱着歌，打着鼓。
哎呀呀，摔倒啦，
自己起来不用扶。

⑧大蛇与小蛇

蚂蚁看蛇是条龙，
大象看蛇是条虫。
不是龙，不是虫，
捉拿田鼠是英雄。

⑨马儿跑（苏州童谣）

马儿跑，马儿跳，
我格马儿真正好，
会跑会跳勿吃草。
我跑俚也跑，
我跳俚也跳，
蹦蹦跳跳大家笑。

⑩ 山羊上山

山羊上山，
山碰山羊角。
水牛下河，
水没水牛腰。
猪仔进圈，
猪拱大猪槽。

⑪ 小猴吃桃子

树上有只小桃子,
树下有只小猴子。
风吹桃树哗哗响,
树上掉下小桃子。
桃子打着小猴子,
猴子吃掉小桃子。

⑫ 大公鸡

大公鸡,穿花衣,
花衣脏,自己洗。
不用肥皂不用水,
扑棱扑棱用沙子。

⑬ 小花狗

小花狗,坐门口,
见我来了迎着我。
又摇尾巴又点头,
伸出舌头舔我手。
　我和小花狗,
　一对好朋友。

⑭ 小猪找朋友

小猪小猪找朋友,
见到小狗勾勾手;
勾勾手,勾勾手,
小狗跟着小猪走。
　找朋友,
　伸出手,

第六章　童谣教学法

勾勾手，

大家成了好朋友！

以上这14首童谣都是有关中国传统文化中的"生肖文化"的。生肖文化不仅与中国人的生活相关，还影响着中国人的语言。比如，中国人有时会用一种婉转的方式来询问对方的年龄，用"你属什么"来代替"你几岁"，被问者只有对中国的生肖文化有所了解，才能理解这句话真正的用意。受中国传统文化影响的韩国也有"生肖文化"，选择生肖童谣来进行教学，首先可以带给韩国儿童学习者一种文化的亲近感或者说是一种共鸣。再来看第一首童谣《十二生肖歌》，它不仅包含了12生肖的名称、顺序和各种生肖的特征，还通过"来""抬""快""甩""迈""白""排"和"跳""叫""跑"等字的押韵形成了中国童谣的音乐美。儿童学习者不仅可以学习到生肖名词和"来""抬""甩""迈""排""跳""叫""跑"等动词，还可以跟着活泼的节奏，学唱由形象有趣的语言编成的童谣。童谣法在其营造的轻松自然的环境中，完成了对儿童的"语言－文化"输入，使儿童学习者在不知不觉中实现了"语言－文化"习得。笔者认为，就"生肖文化"来说，还可以做成一个文化专题来进行系列教学，即先利用③～⑭的童谣来对每个生肖进行介绍，最后利用童谣①和童谣②把之前所学的生肖贯穿起来。在教学的过程中可以利用影像进行互动，还可以安排儿童学习者做一些活动，比如画生肖、制作家庭成员生肖图，等等。

⑮ 过大年

过大年，响大炮，

噼噼啪啪真热闹。

耍龙灯，踩高跷，

包饺子，蒸年糕，

奶奶笑得直揉眼，

爷爷乐得胡子翘。

上面的这首语言精练、韵律整齐的童谣《过大年》是有关中国"春节"文化的。在诵读这首童谣的时候，仿佛听到了爆竹的响声，闻到了年糕的甜香，看到了满怀希望的中国人欢度春节的合乐场面。类似有关传统节日的童谣还有很多，比如，《元宵节》①《粽子香》②《供月亮》③，等等。还有很多描写民俗活动的童谣，比如，《狮子滚绣球》④《扭秧歌》⑤《风筝》⑥，等等。这些童谣语言生动形象，内容丰富，可以单个被用来教学，也可以作为一个文化专题来进行系列教学。在以韩国儿童为对象的教学中，需要注意到韩国受中国影响，也有这些传统节日，但中、韩节日的风俗活动、节日饮食和内涵不尽相同。可以通过提问和活动的方式给学习者创造方式去观察和了解两国文化的异同，并在这个过程中帮助儿童学习者建立起文化意识。

⑯ 小龙虾

小龙虾，小龙虾，

我们把你带回家。

装在篓里蹦蹦跳，

躺在碗里羞答答。

大红旗袍红头发，

像个新娘要出嫁。

这是一首非常生动有趣的童谣。这首童谣不仅通过"虾""家""答""发""嫁"的押韵形成了鲜明的韵律和节奏，还利用拟人和比喻的手法，把小龙虾的鲜活和烹饪后红彤彤的色泽形象地表现出来了。在朗读这首童谣的时候，儿童学习者不但可以体会到童谣中孩子们的欣喜之情，还能了解到中国美食"小龙虾"。如今的"小龙虾"已成为"国民夜宵"，据相关新闻报道《中国小龙虾产业发展报告（2017）》显示，中国已成为世界最大的小龙

---

① 元宵节，月亮圆，圆圆元宵黏又甜。观花灯，踩高跷，大街小巷真热闹。宝宝对着月亮笑，又是一年春来到。
② 粽子香，香厨房，艾叶香，香满堂，艾条插在大门上，出门一望麦儿黄，这儿端阳，那儿端阳。
③ 八月十五月亮圆，月亮圆圆像银盘，乌木桌子金镶边，西瓜月饼供老天。海栗子，红柿子，当中摆个大酥梨，红皮石榴两边站，手捧香酒把月愿，敬得老天新喜欢，保咱天下都平安。
④ 摇摇头，摆摆尾，又伸胳膊又踢腿。蹦蹦高，转转圈，狮子滚绣球，玩得真快乐。
⑤ 正月十五快来到，滴滴答答吹喇叭。扬起手绢转个花，一起来扭秧歌舞。
⑥ 天蓝蓝，草青青，三月正好放风筝。云淡淡，风轻轻，草地飞起一只鹰，飞过柳树梢，飞过桃花林，吓得小鸡乱扑腾。

虾生产国。2016年中国人民消费掉88万吨小龙虾，比2014年增加了33%。2016年小龙虾的经济总产值达到1 466.10亿元，全产业链从业人员近500万人（杨智杰，2017）。"龙虾"如此红火，反映出当下中国人的饮食观念。随着经济发展和生活水平的提高，人们对饮食的要求越来越高。闲暇时与家人或朋友坐在一起剥食小龙虾，别有一番滋味和趣味。小龙虾满足了国人在饮食中追求的"社会性"与"游戏性"。儿童学习者虽然不能理解小龙虾的社会背景，但却可以通过这首童谣了解到中国饮食之"龙虾"。与中国饮食文化相关的童谣还有许多，比如《冰糖葫芦》[①]《豌豆糕》[②]等。这些童谣可以用于单个教学，也可以捆绑成一个饮食文化专题进行系列教学。在教学过程中，建议结合一些图片和实物来帮助理解，还应该引导儿童学习者思考一下自己国家的饮食或自己喜爱的饮食以及与饮食相关的童谣或诗歌来进行比较与扩展学习。

⑰ 我的好妈妈

我的好妈妈，

下班回到家。

劳动了一天，

多么辛苦呀！

妈妈、妈妈快坐下，

妈妈、妈妈快坐下，

请喝一杯茶。

让我亲亲你吧，

让我亲亲你吧，

我的好妈妈。

这首童谣描写了一个孩子为在外工作了一天刚回到家中的妈妈端茶并用"亲亲"的方式向妈妈表达尊敬和爱的画面。这首童谣在反映了中国儒家思想中的"礼"与"孝"的同时，还反映出当今中国女性的社会身份和家庭地位。自1968年毛主席提出的"妇女能顶半边天"，到1978年"改革开放"

---

① 冰糖葫芦甜又甜，红红山楂圆又圆，一排排，一串串，尝一尝，眨一眼，不用说话先点头，你说喜欢不喜欢？

② 豌豆糕，点红点儿，盲人吃了睁开眼儿，瘸子吃了丢了拐儿，秃子吃了生小辫儿，聋人吃了听得见，奶奶吃了不掉牙。

政策下中国经济与文化思想的开放,再到经济与文化高速发展的现在,男女平等的社会文化已经成熟。在同样崇尚儒家"礼""孝"文化的韩国,进入现代以后,虽然人们的意识也在一定程度上发生了变化,但男女差别仍然存在,尤其在家庭中,作为一家之长的男人,责任与承担重大。这种社会与家庭文化,从以下两首韩语童谣中可以体现出来。

⑱ 아빠, 힘내세요(爸爸,加油!)

딩동댕 초인종 소리에 滴铃铃,铃响了,
얼른 문을 열었더니 忙把门打开。
그토록 기다리던 아빠가 (我)久等的爸爸,
문앞에 서 계셨죠. 站在门前。
너무나 반가워 웃으며 (我)太高兴地笑着
"아빠" 하고 불렀는데 叫"爸爸"。
어쩐지 오늘 아빠의 얼굴이 怎么今天爸爸的脸
우울해 보이네요. 看着不开心。
무슨 일이 생겼나요? 有什么事吗?
무슨 걱정 있나요? 有什么忧愁?
마음대로 안되는 일 今天有什么
오늘 있었나요? 不顺心的事吗?
아빠 힘내세요. 爸爸,加油。
우리 가 있잖아요. 有我们呢。
아빠 힘내세요. 爸爸,加油。
우리가있어요. 有我们呢。

⑲ 아빠와 크레파스(爸爸和蜡笔)

어젯밤에 우리 아빠가 昨晚我爸爸
다정하신 모습으로 笑眯眯地
한 손에는 크레파스를 拿着给我
사 가지고 오셨어요. 买的蜡笔。

第六章　童谣教学法

그릴 것은 너무 많은데想画的太多

하얀 종이가 너무 작아서但白纸太小

아빠 얼굴 그리고 나니画了爸爸的脸

잠이 들고 말았어요.（我）就睡着了。

밤새 꿈나라에一晚上在梦里

아기코끼리가 춤을 추었고看见小象跳舞

크레파스 병정들은蜡笔战士

나뭇잎을 타고 놀았죠，음음.乘着树叶玩耍。

《爸爸，加油！》这首童谣表达了孩子对爸爸的理解、关心、爱与感谢，也反映出了爸爸这一角色在韩国家庭中的责任和地位。《爸爸和蜡笔》表现出爸爸和孩子之间相互的爱，也从"夜晚归家的爸爸给我买回蜡笔"可以得知，为了家人的舒适与幸福，爸爸们每日辛劳工作到很晚是韩国家庭的普遍情况。同样是以"礼""孝"思想为中心，同样是表达子女对父母的爱与感恩，但中、韩在社会文化和家庭文化上存在着差异。在向儿童汉语学习者教授童谣《我的好妈妈》的同时，可以结合《爸爸，加油！》和《爸爸和蜡笔》这两首童谣，引导学生进行比较学习，培养学生的文化敏锐性。

文化有两种性格，一种是近接性，一种是疏远性。文化的近接性是指与对方在文化上的相似性和亲近感；文化的疏远性是指与对方在文化上的差别性和疏远感。中国与韩国在儒家文化方面具有相似性和亲近感，但又因地理、气候、历史、政治、经济情况等方面的差异，两国的文化也具有差异性。这种文化上的异同，往往藏在字里行间。汉语教育工作者，首先应该对目的语国家的语言和文化有所了解，在此基础上考虑选用蕴含文化特点的童谣，并通过引导、观察和比较方式来进行教学，使学习者在学习语言的同时，习得目的与文化并学会关注文化间的近接性与疏远性，逐渐提高语言-文化能力。接下来，我们再一起来看看适用于儿童汉语教学的包含有文化特点的翻译童谣。

（二）翻译童谣之"选"与"用"

"汉语翻译童谣"包括中-韩互译或再创作的童谣以及由其他语言创作的童谣翻译而来的汉语童谣和对由其他语言创作的童谣进行再创作而来的汉

语童谣。其中，由第三语言创作的，并被翻译成汉语和韩语的童谣最适合用于以韩国儿童为对象的汉语教学。其科学依据就在于人脑中的"图式"。人脑中的图式一般被称作"schema"，由德国哲学家坎特（Kant）于 1781 年在他的著作《纯粹理性批判》（Kritik der reinen Vernunft）中首次提出。坎特把纯粹的先验的想象称作"schema"，并指出新的信息、概念、思想等是在与既存的已知内容的联系中产生的。Bartlett（1932）首次将"schema"的概念导入了认知心理学。此后，Anderson（1997）提出了"schema"与记忆的关系，并将"schema"看作是把新话题与新话题相关的所有知识联系起来的知识结构主框架。人类在接收到外来新信息时，必定要将其与已有的"schema"联系起来，才能接收和记忆新知识。翻译童谣的优越性就在于此。大部分翻译童谣是经典的、有名的童谣，因此儿童汉语学习者在学习汉语之前就已经听过或者已经会唱。换句话说，除了语言不同外，儿童学习者对童谣的旋律和节奏已经很熟悉了。相比一般的童谣通过韵律、节奏与反复手法刺激学习者，从而获得学习效果，翻译童谣还可以通过与学习者大脑中的已有图式建立联系，形成信息网络来提高学习效率并强化习得效果。笔者整理了 35 首可用于韩国儿童汉语教学的翻译童谣以作为参考，如表 6-3 所示：

表 6-3　35 首翻译童谣

第三语言	韩语童谣	汉语童谣
Little Star	《작은별》	《小星星》
HAppy Birthday	《생일축하》	《生日快乐》
Jingle Bell	《징글벨》	《铃儿响叮当》
DoLeMi	《도레미》	《哆来咪》
I'm Little Teapot	《나는 뚱뚱한 주전자》	《我是一只小茶壶》
Three Bears	《곰 세마리》	《三只熊》
If You Are Happy	《우리 모두 다같이》	《拍手歌》
Head and Shoulders	《머리 어깨 무릎 발》	《头儿，肩膀，膝，脚趾》
The Bus	《버스》	《小巴士》
Six Little Ducks	《여섯 마리 오리》	《六只鸭子》
Dreaming of Home and Mother	《여수》	《送别》
Little Tiger	《안녕》	《两只老虎》
London Bridge	《돌다리》	《伦敦桥》

第六章　童谣教学法

续　表

第三语言	韩语童谣	汉语童谣
Edelweiss	《에델바이스》	《雪绒花》
The More We Get Together	《동물들아오너라》	《当我们在一起》
Baby Shark	《아기상어》	《鲨鱼一家》
Clementine	《클레멘타인》	《新年好》
Ten Little Indians	《열 꼬마 인디언》	《十个小印第安人》
The Eentsty Weentsy Spider》	《거미가 줄을 타고 올라갑니다》	《小蜘蛛》
Where is Thumbkin	《손가락 가족》	《大拇哥在哪里？》
Hanschen Klein Ging Aellein	《나비》	《小蜜蜂》
Old Floks at Home	《스와니강》	《故乡的亲人》
The Small World	《작은 세상》	《小小世界》
Old Long Ago（Auld Lang Syne）	《작별》	《友谊地久天长》
Bingo	《빙고》	《Bingo》
	《반달》	《小白船》
	《라브송》	《庆祝》
	《학교종》	《上课铃》
	《산토끼》	《小白兔》
	《여우야, 여우야!》	《狐狸啊，狐狸啊!》
	《그대로 멈춰라》	《一下子停下来》
	《코끼리》	《大象》
	《강아지》	《小狗》
	《이건 뭐야》	《这是什么》
	《산타할아버지 오셨네》	《圣诞老人进城了》

　　翻译童谣与原创的童谣之间，不同语言的翻译童谣之间都存在着文本上的差别，这种差别一方面是为了在翻译过程中满足音韵和音律的要求，一方面是受到目的语国家文化的影响。利用汉语翻译童谣也可对学习者同时进行语言-文化的输入。下面笔者通过童谣名作《小星星》来进行说明。

⑳ Twinkle Twinkle Little Star

Twinkle, twinkle, little star
How I wonder what you are?
Up above the world so high
Like a diamond in the sky
…
Twinkle, twinkle, little star
How I wonder what you are.

㉑ 小星星

一闪一闪亮晶晶，
满天都是小星星。
挂在天上放光明，
好像许多小眼睛。
一闪一闪亮晶晶，
满天都是小星星。

㉒ 작은별

반짝반짝 작은 별
아름답게 비치네
서쪽 하늘에서도
동쪽 하늘에서도
반짝반짝 작은 별
아름답게 비치네

　　Twinkle Twinkle Little Star 原是英国女诗人 Jane Taylor 创作的绘本名称，绘本讲述了小星星带着一个小女孩畅游太空的故事。1806 年，Jane Taylor 与她的姐姐 Ann Taylor 在法国童谣 *Ah!vous dirai-je, maman* 的旋律上重新填词，创作出歌唱童谣 *The Star*，后来被称作 *Twinkle Twinkle Little Star*。此

第六章 童谣教学法

童谣进入中国之后,由中国童话作家王雨然翻译和改编成《小星星》。Twinkle Twinkle Little Star 把星星比作"钻石(diamond)",汉语童谣《小星星》把星星比作了"眼睛",再看韩语童谣《작은별》时,会发现这个比喻消失了。笔者认为这首童谣的精华部分正是这个比喻部分。汉语童谣里"眼睛"的出现是偶然吗?只是为了押韵吗?如果只是为了押韵,那为什么不比作"水晶",而比作"眼睛"呢?这语言中其实就蕴含着中国的文化。如果问中国人"星星像什么?"大部分中国人应该都会说"星星像眼睛"吧。中国人非常重视"眼睛","眼睛"里包含着中国人的文化和思想。所谓"精""气""神"中的"神"就是"眼神";中国人读书也讲究"眼到""口到""心到";绘画写作都重视"点睛之笔"。中国人认为眼睛是心灵的窗户,在刻画人物时,通过眼睛的描写可以表现出人物的性格和心理状态。比如,《红楼梦》第三回"托内兄如海荐西宾,接外孙贾母惜孤女"中有大量的人物描写,其中巧妙的眼睛描写,最能透露出人物的性格。如下所示:

"不一时,只见三个嬷嬷并五六个丫鬟,簇拥着三位姊妹来了……削肩细腰,长挑身材,鸭蛋脸面,俊眼修眉,顾盼神飞,文彩精华,见之忘俗"。

"这个人打扮与众姑娘们不同:彩绣辉煌,恍若神妃仙子……一双丹凤三角眼,两弯柳叶吊梢眉,身量苗条,体格风骚,粉面含春威不露,丹唇未启笑先闻"。

"……面若中秋之月,色如春晓之花,鬓若刀裁,眉如墨画,面如桃瓣,目若秋波,虽怒时而似笑,即瞋视而有情……天然一段风韵,全在眉梢;平生万种情思,悉堆眼角"。

"两弯似蹙非蹙罥烟眉,一双似喜非喜含情目……泪光点点,娇喘微微"。

还有,20世纪80年代诗人顾城在《一代人》中写道:"黑夜给了我黑色的眼睛,我却用它寻找光明。"眼睛与心相连,寻找光明的眼睛就是充满希望的心。

中国人在读到"小星星像眼睛"时,会不由地心生同感,其原因还在于中国人的宇宙观和世界观。大部分人从小就听着"天上人间"的故事长大,正如人们想象着月亮上住着嫦娥、玉兔、桂树和伐木匠一样,人们也想象着星星是充满生命的。汉语童谣里这种虚实相生的美学特征正是与中国式的思维相符合的。换而言之,即使是翻译童谣,也不只是传达意思和填词附曲,还必须从文化的角度,有意识地去传递感情才能使读者产生共鸣。所以《小星星》中的"眼睛"不是偶然,也不是译者的一己之爱,而可以看作是一种中国文化元素。那么在把这首童谣教给韩国儿童汉语学习者时，就应该关注语言－文化的联系，引导学习者去发现语言－文化间的差异，帮助他们了解目的语的文化并再次打量母语文化，做到"知己知彼"。笔者曾以15名韩国儿童（最大年龄满9岁，最小年龄满5岁）为对象教授过童谣《小星星》，基本步骤如下：

（1）给学生播放韩语《작은별》作为课堂导入。

（2）把童谣视频《小星星》播放3遍。

（3）看着画面，让学生读图，然后结合图像讲解一下童谣。

（4）让学生一句一句地听，一句一句地跟读，并帮助学生纠正发音，直到每位学生都能顺畅地跟读。

（5）用直接法（利用Flash卡片和动作）教授"小星星""眼睛""一闪一闪""亮晶晶""天""挂""光明""许多"等词。反复操练生词。

（6）跟视频律动学唱童谣。

（7）提问"这首童谣里的星星和什么一样？"并给出图来引导学生回答出"眼睛"。再提问"韩语童谣里有没有'眼睛'？"并提问"你觉得星星和什么一样？"

（8）给出一幅还未画上眼睛的龙的图片，提问"这是什么？"（韩国的孩子大都认识龙）接着提问"它没有什么？"，再提问"没有眼睛的龙，给你们的感觉怎么样？"

（9）给学生讲"画龙点睛"的故事，并播放成语动画视频。

（10）请学生上来给"龙"画眼睛。

（11）复习生词，一句一句跟读，听唱童谣。

（12）做趣味练习，让学生选生词卡片填空，将童谣补充完整。

课堂上学生们注意力集中，积极参与学习并回答问题。教学结束时，15名学生都能跟唱《小星星》。第二次上课前，大部分学生仍然能跟唱，还有几位学生因为回家后进行了课后巩固，所以能够记唱。

综合以上内容，可知文化视角下的童谣教学法是一种语言－文化通合的教学法。它不仅可以培养儿童学习者的语言能力和文化意识，还能调动儿童的"五感"，激发他们的学习兴趣，帮助他们发展多元智能。正所谓"寓学于乐"，"乐"也，悦也；"乐"也，童谣也。

第七章
诗歌教学法

第一节　诗与乐

　　无论什么国家，诗都是其文化的重要组成部分。诗是人类借助语言形态对生命与生活的表达，是我与我之"外"的融合。诗的语言是最美、最精华的语言，是富有韵律和节奏的音乐性的语言。英国诗人亚历山大·蒲柏（Alexander Pope）曾说过"音乐和诗相像"。近代启蒙主义哲学家伏尔泰（Voltaire）曾把诗称为"灵魂的音乐"。无论是在西方还是东方，诗与乐从来都是紧密联系的。比如，舒伯特（Franz Peter Schubert）的代表作《魔王》就是以德国诗人歌德（Johann Wolfgang von Goethe）的诗为词，附上旋律音调，创作而成的。中国最早的一部诗歌总集《诗经》收入的作品大都是可以和乐而歌的，其中的"国风"就是民俗歌谣之诗。后来的汉代乐府、唐律诗、宋词、元散曲，都是诗与乐的融合。还有很多古代的诗作从名称上就体现出了诗与乐的统一，如中国魏晋时期曹操的《短歌行》、唐代白居易的《长恨歌》，韩半岛新罗时期的乡歌、朝鲜高丽时期的高丽歌谣，等等。诗与乐的相通不仅是因为诗的韵律和节奏感，还在于诗与乐一样，都能激发人的想象力并引发情感上的共鸣。

第二节　儿童汉语教学中诗歌教学法的意义

　　诗歌教学法对儿童汉语"语言－文化"教学具有重大意义。先从语言教学的层面来看：①诗的语言精练，学习起来没有负担，尤其适用于课时有限的情况。前面有提到，国外小学阶段的汉语教学周学时一般为1～2小时，以短小的诗歌来进行语言－文化通合教学是符合现实条件的。②富有韵律和节奏的诗歌有着特殊的声音效果，不仅能让学习者在声音的美感中产生愉悦的感情，从而强化学习兴趣和学习效果，还能对学习者的汉语发音及语感把握起到促进作用。③看着汉字反复朗读诗歌，在记忆诗歌的同时，还能进行初步的汉字认读。④通过学习诗中的词或通过简化、拓展诗中出现的词，可以帮助学习者增加词汇量。⑤在学习诗歌的过程中，学习者可以很自然地去熟悉中国诗歌的结构。大部分中国诗歌在开头提出主题，接着进行描述，最后以表意或抒情的方式结尾。比如，在《悯农》中，第一句就出现了主题

第七章　诗歌教学法

"锄禾",也就是务农,接着描述务农的辛苦"汗滴禾下土",最后表意"粒粒皆辛苦",希望大家珍惜粮食,尊重农民的劳动。再如,在《静夜思》中,第一句就出现了"明月光",表明这首诗的主题是有关"月"的,接着描述"疑似地上霜",月光皓白如霜,最后通过"低头思故乡"一句抒发了思乡之情。诗歌的这种结构特点,也是中国人说话和行文的特点之一。熟悉诗歌的结构,有利于学习者了解中国人说话和行文的特点。换言之,利用诗歌法对儿童进行汉语教学应该有目标、有计划、有体系、有过程,因为有些深层的效果是需要儿童学习者通过不断接触和积累,在无形中获得的。⑥诗歌的可读性很强,朗朗上口,适于儿童学习者跟读和记忆。当儿童学习者能够将诗歌脱口而出时,自信和学习热情也会随之而出。这对长远的汉语学习来说无疑是有益的。

再从文化视角来看一下诗歌教学法。孔子曾说"不学诗,无以言","诗可以兴,可以观,可以群,可以怨;迩之事父,远之事君;多识于鸟兽草木之名","入其国,其教可知也,其为人也,温柔敦厚,诗教也"。孔子提到的诗虽是特指《诗经》,但"诗"与诗是相通的,是一脉相承的。可以看出从孔子时代就在提倡"诗教"。儿童汉语教学中的"诗教"可以从以下几个方面来理解:①诗是一种语言形式,语言与文化本就不可分离,诗的语言中包含着文化。比如,自然诗中包含了中国人的自然观,爱国诗与战乱诗中包含了当时的历史文化背景和政治状况,叙事诗里包含着人们的生活样式和社会背景,抒情诗里包含着中国人的情愫和情感表达方式。②中国人的生活与诗密切相关,大部分人小时候就有朗诵和背诵诗歌的经历,《唐诗300首》也是常用的启蒙教材。诗在人们的人格塑造、性格形成和文化教养中起着重要的作用,它是中国人传达思想、价值观和中国式情感的一种代表性的文学形式。因此,中国人在日常社会生活的方方面面常常会引用诗来传达意思和表现情感。比如,"欲穷千里目,更上一层楼",既抒发出对自然的赞叹,又表达出了积极探索和无限进取的人生态度。"每逢佳节倍思亲"表达了对故乡和亲人的思念,也抒发了诗人在异乡的孤独之感。"近水楼台先得月"表达出由于接近某些人或事物而有利于得到某种利益或便利的意思。"柳暗花明又一村"既是对"变"与"不变"的哲学思想的体现,又是面对困难,仍怀希望的乐观精神的表现。"少壮不努力,老大徒悲伤"常用来教育年轻人要珍惜时光,奋发向上,否则年老时悲伤后悔都已无用。"路漫漫其修远兮,吾将上下而求索"表达了不断探索,积极进取的决心。"海内存知己,天涯若比邻"表达了距离再远,也会因思想和感情的相通而感觉亲近的意思,这其实也是中国人时空观念的一种反映。若不学诗，如何能理解被引用诗句的真义和诗句中包含的情感呢？不仅如此，诗中的语言和文化也已经深深地植入了中国人的体内，浸润了体内的细胞，影响着人们的思维、价值取向、说话和为人处事的方式。以诗歌法对儿童学习者进行汉语教学，绝不是单方向的语言教学，而是真正意义上的语言-文化教学，是培养儿童学习者的语言-文化理解力和跨文化交流能力的基础建设手段。③中国诗里蕴含着中国式的美学，对非汉语环境中的海外儿童而言，诗教有利于他们多元化认知和多元化世界观、美学观的发展。④有情方有诗，诗语即心语。诗歌是人情感的流露，同时滋养着人的心灵，导向生命的本质。此外，诗歌教育还能让儿童汉语学习者保持一颗丰富细腻的心去体悟生命的美好。

第三节　儿童汉语教学之诗歌选取

当然，在探讨韩国儿童汉语教学之诗歌教学法的时候，我们同样要讨论诗歌的选用问题。什么样的诗歌适用于韩国儿童汉语教学呢？笔者认为有两大类可以选择：一是绝句，二是现代童诗。

一、绝句

绝句一般由四句构成，每句5个字或7个字。根据记忆组块（chunk）原理，短时记忆的容量为7±2个组块，即一般情况下为7，并在5～9个组块之间波动。中国学者查有梁先生通过实验发现，就中文的情况来看，人的短时记忆为4～6个组块。（查有梁，1984）据此，五言绝句和七言绝句中的每一句都可以视为1个记忆组块，四句就是4个组块，充分满足了短时记忆的条件。由此可以确定绝句便于儿童学习者记忆。另外，绝句讲究平仄和韵律，具有极强的音乐感。先看平仄：平，即音调平平，对应汉语四声中的平声（包括阴平和阳平）；仄，即音调起伏，对应汉语中的上声、去声和入声[①]。在绝句中，平仄按照规律交替和重复，构成了声音的长短和高低变化，从而形成了和谐音调和诗行间的节奏。再看韵律，它是绝句的一大特征。绝

---

① 随着汉语音韵的变化，现代汉语普通话中已没有入声，但方言中仍然保留有入声。中国的邻国韩国至今仍是韩字与汉字混用，韩国汉字的发音保留了中国中古时期的发音，所以韩国的汉字发音中仍然保留着入声。

句的韵律一般体现在两个方面：一方面是押脚韵，五言绝句一般是第二句与第四句的尾字押韵；七言绝句一般是第一句、第二句与第四句的尾字押韵。另一方面是音尺[①]有规律的反复，五言绝句一般可以分为"2+3"音尺，3音尺又可分为"2+1"或"1+2"音尺；七言绝句一般可分为"2+2+3"音尺，3音尺再分为"2+1"或"1+2"音尺。下面举两个例子来帮助理解：

悯农

锄禾／日／当午，2+3（1+2）

汗滴／禾下／土。2+3（2+1）

谁知／盘中／餐，2+3（2+1）

粒粒／皆／辛苦。2+3（1+2）

早发白帝城

朝辞／白帝／彩云间，2+2+3（2+1）

千里／江陵／一日还。2+2+3（2+1）

两岸／猿声／啼不住，2+2+3（1+2）

轻舟／已过／万重山。2+2+3（2+1）

《悯农》里"午""土""苦"字押韵，音尺呈"2+3"排列；《早发白帝城》里"间""还""山"字押韵，音尺呈"2+2+3"排列。两首诗韵律整齐而富有规律。如此，通过利用绝句来进行儿童汉语教学，不但能帮助学习者练习发音，强化对汉语音调高低、长短、轻重、缓急的感觉，还能使学习者在优美的声音中获得乐趣和保持愉悦的心情。

那么，以儿童为对象的汉语教学应选用哪些绝句呢？笔者认为有两个选择范围。一是选择五言绝句和七言绝句里众所周知的名篇，如《咏鹅》《春晓》《静夜思》《江雪》《悯农》《梅花》《早发白帝城》《枫桥夜泊》《小儿垂钓》等。这些诗歌都是中国的孩子从幼儿园时代就背诵的名作，内容简单有趣，语言形象生动，毫不晦涩。二是选择用于国内初等语文教育的诗歌。部编版小学1～6年级语文教科书中收入的绝句，如下面表7-1所示。

[①] 音尺也叫音顿，是指读诗的时候应该在哪个字或词后略微停顿或转调，现在叫音节。

表7-1　部编版小学1～6年级语文教科书① 收入绝句

一年级（上）	《画》《一去二三里》《静夜思》
一年级（下）	《池上》《小池》《春晓》《村居》《所见》
二年级（上）	《登鹳雀楼》《望庐山瀑布》《夜宿山寺》《山行》《赠刘景文》《回乡偶书》《赠汪伦》
二年级（下）	《草》《宿新市徐公店》《绝句》
三年级（上）	《九月九日忆山东兄弟》《望天门山》《饮湖上初晴后雨》
三年级（下）	《咏柳》《春日》《游子吟》[b]
四年级（上）	《题西林壁》《游山西村》《黄鹤楼送孟浩然之广陵》《送元二使安西》《过故人庄》
四年级（下）	《乡村四月》《四时田园杂兴》《渔歌子》
五年级（上）	《泊船瓜洲》《秋思》
五年级（下）	《牧童》《舟过安仁》《浪淘沙》
六年级（上）	《春夜喜雨》
六年级（下）	《元日》《天竺寺八月十五日夜桂子》《清明》《鸟鸣涧》《芙蓉楼送辛渐》《江畔独步寻花》《石灰吟》《竹石》《己亥杂诗》

以上表格中的诗歌是中国儿童在小学阶段的必修诗歌，它们给中国儿童在认知、语言、性格和品行塑造方面带来了不同程度的影响。因此，把这些诗歌运用于以海外儿童为对象的汉语教学中，不仅可以帮助他们习得语言和文化，还可以培养他们的跨文化交际能力。特别是在以韩国儿童为对象的汉语教学中，选择绝句进行教学是符合当地学情的，因为在韩国至今仍有不少人从小开始学习汉字和背诵唐诗。

---

① 包括2001年版和2016年版部编版小学语文教科书。
② 《游子吟》是五言古体诗。

二、现代童诗

现代童诗，指符合儿童心理和情感的由大人为儿童创作的诗歌或儿童自己创作的诗歌。童诗里包含着与儿童生活相关的内容，生动形象的语言，朴素纯真的思想和情感，丰富的想象力，以及明快的节奏和悦耳的声音。其有利于儿童汉语学习者在汉语语音、语感、词汇方面的习得，以及对文化和美的感知。换言之，利用现代童诗进行汉语教学不仅可以对儿童学习者进行有效的语言输入，还可以进行有效的文化输入和情感输入。笔者认为现代童诗中的名作若用于教学价值极高。下面举两个例子来说明：

影子

影子在前，

影子在后，

影子是一条小黑狗，

我走它也走。

影子在左，

影子在右，

影子是我的好朋友，

我拍手它也拍手。

《影子》这首诗是中国台湾诗人林焕彰 40 年前接上幼儿园的儿子放学时，在路上做游戏而受启发创作的儿童诗，经改编[①]后被收入在人教版小学语文一年级上册（2016 年版）中。此诗语言活泼，通俗易懂，充满童趣，用最常见的事物"小黑狗""好朋友"和游戏的方式让孩子去体会什么是"形影不离"。这首诗不仅可以让儿童学习者学习到方位词"前""后""左""右"，代词"我""它"，名词"小黑狗""影子""好朋友""手"和动词"走""拍"，还由于诗中"后""狗""走""右""友""手"押韵和"影子""在""我"等词反复出现而形成的韵律和节奏，使学习者读起来朗朗上口且乐在其中。笔者曾利用图片和互动的方式将这首童诗教给两名 7 岁的韩国儿童，他们毫不费力地就理解了，并在反复诵读和做相关练习之后将这首诗记住了。

---

① 《影子》：影子在前，影子在后，影子常常跟着我，就像一条小黑狗。影子在左，影子在右，影子常常陪着我，它是我的好朋友。

公鸡生蛋

天暗暗,地暗暗,

公鸡站在大门口:

喔喔喔,我要生蛋!

喔喔喔,我要生蛋!

喔喔喔,我要生个好蛋蛋!

天亮亮,地亮亮,

公鸡跳到屋顶上:

喔喔喔,出来了!

喔喔喔,出来了!

喔喔喔,真的出来了!

我生了一个好大好大的金鸡蛋!

《公鸡生蛋》也是林焕彰先生创作的一首富有趣味和想象力的童谣。中国有句俗话"雄鸡一唱天下白",在中国人看来公鸡和太阳是有关联的。公鸡打鸣,太阳升起,标志着一天的开始,这既是人们对自然的认识,也是"日出而作,日落而息"的农耕文明的一种符号。利用这首诗进行儿童汉语教学时,可以先通过提问来引导学生思考,再结合图片或视频来讲解词汇和诗的内容以帮助儿童理解,还可以在课堂上带着学生们画童诗,以增强学生对语言的感知和对文化的理解。

第四节　文化视角下韩国儿童汉语教学之诗歌法运用

以上提到的诗歌和诗歌教学的一些方法对以韩国儿童为对象的汉语教学是适用的。但是,在文化视角下,只有更进一步,有针对性地观察和把握中国与韩国的语言与文化的异同,才可以将诗歌法的作用发挥得更全面、更深入。下面笔者将以实际教学经验[1]为例,来详细阐述如何在文化视角下运用诗歌法进行韩国儿童汉语教学。

---

[1] 笔者在韩国湖西大学任教期间,曾以湖西大学教会初等部的 5～9 岁的 15 名韩国儿童为教学对象进行了"语言 - 文化"通合汉语教学实验。

第七章　诗歌教学法

首先，在对中、韩语言与文化观察和了解的基础上，思考一下有哪些有价值的文化元素。一个文化元素可以作为一个教学主题。比如，选取"月亮"这一文化元素，决定围绕"月"这个主题来展开语言-文化教学。然后，确定教学目标。"月"文化主题教学的目标是让韩国儿童学习者在语言习得的同时，了解中国人的"月"文化，并通过与韩国"月"文化的比较，感受文化的异同，进而培养学习者的语言-文化意识和对汉语及中国文化的兴趣。接着，确定教学时间和教学内容。由于当时的汉语课为每周日上午1小时，所以笔者将教学时间设为4小时，分四周进行。教学内容上，笔者选取了《月亮谣》《小小的船》《静夜思》，分四周按顺序教学，具体教学环节与方法如下：

第一课时：

1. 请学生在纸上简单地画出自己心中的月亮。这个环节中有的学生画出圆圆的月亮，有的学生画出弯弯的月亮，有的学生画出人性化的月亮（有眼睛和嘴巴的月亮）。

2. 花10分钟时间与学生一同欣赏韩国绘本作家白希那（백희나）的作品《月亮冰激凌》（달 샤베트），因为这部绘本在韩国非常有名，所以大部分学生已经知道了，而且也早已知道绘本里有关月亮变化的自然常识了。如图7-1所示：

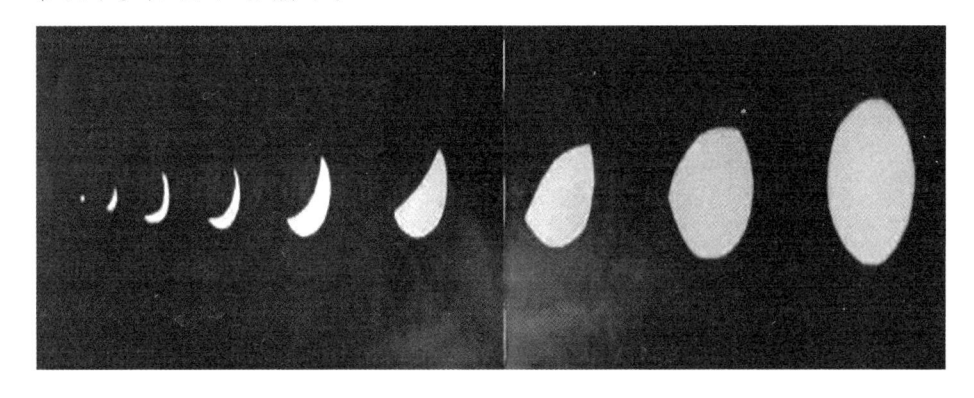

图7-1　月亮变化规律的简易图

3. 用 PPT 展示《月亮谣》，并慢慢读给学生听一遍。

月亮谣

初一一条线，

初二看得见。

初三、初四像镰刀，

十五十六大团圆。

4. 用 PPT 展示《月亮谣》的每一句，带学生慢慢地反复跟读并纠正发音。同时，配图进行简单说明。

초一一条线음력 1 일에는 마치실과같아요.

图 7-2　初一的月亮　　　　　图 7-3　线

初二看得见음력 2 일에는 볼수있어요.

图 7-4　初二的月亮

初三、初四像镰刀음력 3 일과 4 일에는낫과같아요.

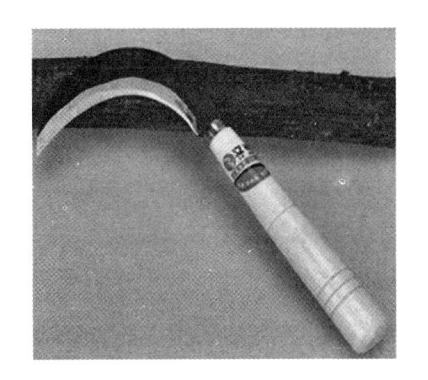

图 7-5 初三、初四的月亮　　图 7-6 镰刀

十五十六大团圆 음력 15 일과 16 일에는 둥글어요.

图 7-7 圆月　　图 7-8 团圆

5. 配图复习数字从一到十。

图 7-9 数字配图

6. 再带学生读两遍童谣。

7. 带着学生找出农历八月十五日中秋节。

图 7-10　带有中秋节的日历

8.与学生一起谈谈中秋节。让学生说说韩国的**추석**（秋夕）有哪些风俗饮食和风俗活动。接着给学生介绍一下中国的中秋节风俗并通过图片来比较。

图 7-11　中国与韩国的中秋节风俗差异对比

第七章　诗歌教学法

表 7-2

中秋节		
	中国	韩国
中秋活动	中秋晚上祭月、拜月、赏月	中秋前夕墓地锄草　中秋早晨祭祀
	燃灯、猜谜	绕圈集体舞、风乐（四物游戏）①
中秋饮食	团圆饭（晚餐）	团圆饭（祭祀后，用早餐）
	月饼	松饼
	桂花酒	百岁酒

9.带学生读一遍童谣，再让学生自己读一遍童谣。

图 7-12 《月亮谣》中不同时间的月亮形状示意图

10.看图 7-12 一起记诵一遍。

第一课时到此就结束了，布置课后任务：反复听读《月亮谣》。

第二课时：

1.带学生复习《月亮谣》，读一遍，记诵一遍。

2.让学生思考并说说月亮上有什么。

3.给学生播放韩国童谣《달아, 달아! 밝은달아》

4.让学生找出在这首童谣里月亮上有什么，并标记出来。

《달아, 달아! 밝은달아》

달아 달아 밝은 달아

---

① 由鼓、长鼓、大锣、小锣演奏的四物游戏是农乐的一种。中秋时人们在户外演奏四物游戏庆祝丰收。

087

이태백이 놀던 달아

저기 저기 저 달 속에

계수나무(桂树) 박혔으니

옥도끼(玉斧)로 찍어내어

금도끼(金斧)로 다듬어서

초가삼간 집(房子)을 짓고

양친 부모(父母双亲) 모셔다가

천년만년 살고 지고

천년만년 살고 지고.

5.请学生从以上诗中找出表现"对父母之爱"的句子"양친부모 모셔다가 천년만년 살고지고"。

6.总结，这首童谣通过对月亮的描写和想象，表达了"对父母的爱"，即"孝"思想。

7.请学生看一下（图7-13），并提问"图中有什么"，"这个人在做什么"，"他可能在想什么"。

图 7-13 《静夜思》配图

8.提出这节课的主要内容《静夜思》，并指出上面童谣中的李太白（이태백）是中国诗人李白，他写了一首有关月亮的诗《静夜思》。

第七章　诗歌教学法

《静夜思》
（李白）
床前/明月光，
疑是/地上霜。
举头/望明月，
低头/思故乡。

《달아, 달아! 밝은 달아》
달아 달아 밝은 달아
이태백이 놀던 달아
저기 저기 저달 속에
계수나무(桂树) 박혔으니
옥도끼(玉斧)로 찍어내어
금도끼(金斧)로 다듬어서
초가삼간 집(房子)을 짓고
양친부모(父母双亲) 모셔다가
천년만년 살고지고
천년만년 살고지고.

9. 请学生闭上眼睛听老师慢速朗读一遍《静夜思》，再听老师有意按"2+3"音尺朗读一遍。

10. 请同学跟读一遍诗歌。然后由老师结合图片给学生简单地讲解一下诗歌。并利用直接法，结合图片和动作教授重要的词语"明月""月光""霜""举头（抬头）""低头""望（向高处远处看）""思（思念）""故乡"，并通过练习让学生熟悉词语。

11. 提问"诗人看到月亮，想到了什么"？大部分学生可以回答出来，因为韩语里也有"고향（故乡）"这个词。提问"在故乡，诗人可以见到谁"？这时学生们在下面用汉语或韩语回答"爷爷、奶奶、爸爸、妈妈、哥哥、姐姐、弟弟、妹妹、朋友"等。再提问"见到他们一起吃团圆饭了吗？"接着带领学生复习，"上节课我们学了'团圆'，中秋节，和家人团圆，桌子圆圆，月饼圆圆，月亮也圆圆"，并让学生再看图7-14：

团圆　　　　　　　　　圆月

图 7-14　团圆与圆月

12. 请学生一句一句跟读直到学生可以顺畅地跟读。在这个过程中帮助学生纠正发音。

13. 带学生按"2+3"音尺,有节奏地诵读两遍。然后让学生跟着老师边拍手,边跟节奏诵读两遍。再变化节奏快慢,和学生一起诵读两遍。最后请学生们从头到尾大声读一遍。

14. 引入韩国童谣《月》(달)

《달》

달 달 무슨 달?
쟁반 같이 둥근 달.
달 달 무슨 달?
낮과 같이 밝은 달.
어디 어디 비추나?
우리 동네 비추지.

图 7-15 韩国童谣《月》配图[①]

提问学生"这首童谣中的月是什么月",引导学生说出"明月""圆月"。然后让学生说说"看到这幅画,读到这首童谣,想象一下自己在这幅画中,会有什么感觉"?最后,结合学生的回答,由老师引导出"安静""和平""幸福"。

15. 回到《静夜思》,带学生复习一遍词语并诵读两遍诗歌。

第二课时到此就结束了,布置课后任务:反复听读《静夜思》,再读绘本《月亮冰激凌》(달샤베트)和《日月兄妹》(해와 달이 된 오누이)

第三课时:

1. 请学生听一遍静夜思,再一起记诵一遍。

2. 提问"月亮上有什么"?学生们大部分会回答"《日月兄妹》中的妹妹""桂树""兔子",那是因为韩国有关"月"的传统童话中有桂树、捣米糕的兔子。

---

① 《迎月》(달맞이)李亿荣(이억영)作。

第七章 诗歌教学法

3.利用韩国民俗博物馆制作的中国童话视频"后羿与嫦娥（태양을 쏜 영웅 후예와 달을지 키는 여인 항아）"给学生介绍中国文化中有关月亮的传说"嫦娥奔月"。

4.给学生播放他们熟悉的《半月歌》(반달)，让学生边听边想象一下诗里描绘的场景。

반달（半月歌）①

푸른 하늘 은하수 하얀 쪽배에
계수나무 한 나무 토끼 한 마리
돛대도 아니 달고 삿대도 없이
가기도 잘도 간다 서쪽 나라로
은하수를 건너서 구름 나라로
구름 나라 지나선 어디로 가나
멀리서 반짝반짝 비치이는 건
샛별이 등대란다 길을 찾아라

5.提出这节课的主要内容：有关半月的中国儿童诗《小小的船》。

《小小的船》

弯弯的月儿小小的船，
小小的船儿两头尖。
我在小小的船里坐，
只看见闪闪的星星蓝蓝的天。

图 7-18 《小小的船》

6.让学生听两遍，跟读一遍。提问"诗中的'船（배）'是什么"？

---

① 这首童谣由朝鲜半岛作曲家尹克荣作词作曲，原名《半月歌》，后来又得名《小白船》，其中文翻译歌词是："蓝蓝的天空银河里，有只小白船。船上有棵桂花树，白兔在游玩。桨儿桨儿看不见，船上也没帆，飘呀飘飘向西天。渡过那条银河水，走向云彩国，走过那个云彩国，再向哪儿去。在那遥远的地方，闪着金光，晨星是灯塔，照呀照得亮。晨星是灯塔，照呀照得亮"。

学生都能答出是"月"。接着提问"我在船里做什么"？引导学生说出"看闪闪的星星和蓝蓝的天""和星星一起玩"。

7. 结合图简单讲解诗歌，并教授重点词汇"小小的""弯弯的""闪闪的""蓝蓝的""尖"，复习词汇"船""星星"和"天"。在这个过程中有意让学习者利用"船""尖""天"来练习发音并利用Flash卡片和之前学过的词汇来进行词汇练习：

小小的船　小小的手
弯弯的月　弯弯的路
蓝蓝的天　蓝蓝的海
闪闪的星星　闪闪的光

8. 让学生一句一句跟读直到能够顺畅地跟读，并纠正发音。
9. 带学生诵读两遍，并与学生一起记诵一遍。
10. 第三课时到此就结束了，布置课后任务：反复听读《小小的船》。

第四课时：

1. 带学生复习《小小的船》，读两遍，记诵一遍。
2. 带学生复习《静夜思》，读两遍，记诵一遍。
3. 带学生复习《月亮谣》，读两遍，记诵一遍。
4. 带学生一起完成下列思维导图：

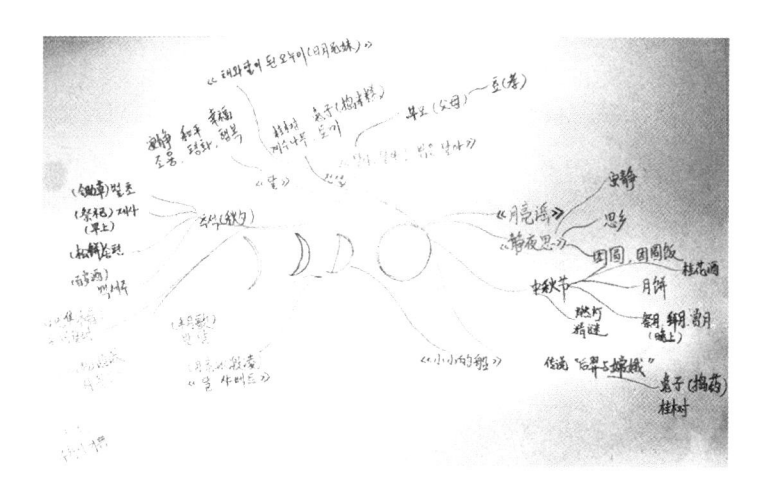

图 7-19 月的思维导图

5.让学生谈谈在以上思维导图中自己最喜欢的或印象最深的是什么。

6.一起做练习,请学生以下列选项填空:

① 初一一条 ___,初二看得见。初三、初四像 ___,十五十六大 ___。

A.团圆 B.镰刀 C.线

②床前明___,疑是地上___,举头望___,低头思___。

A.故乡 B.月光 C.霜 D.明月

③___月儿,___船,___船儿两头___,我在___的船里坐,只看见___星星___天。

A.小小的 B.蓝蓝的 C.闪闪的 D.尖 E.弯弯的

7.让学生们把以上三首童谣童诗再读一遍。

第四课时到此就结束了,布置课后任务:记诵三首童谣童诗。

以上是笔者对文化视角下的诗歌教学法的具体运用。在整个课程当中笔者没有排斥使用学习者的母语,因为学习者处于儿童年龄且汉语水平比较低,适当使用母语有利于学习者理解课堂内容,也有利于加快课堂进度。"月"文化专题四次课堂上,所有学习者都能集中精力参与学习,整个课程结束之后,学习者不仅能记诵《月亮谣》《静夜思》和《小小的船》,还对中国和韩国的"月"文化有了一定程度的了解。

第八章

绘本教学法

第一节 什么是绘本?

"绘本"又称"图画书",英文作"Picture Book",是利用语言和图构成的一种儿童文学体裁。绘本有别于传统的带插画的故事书,因为绘本里的图画,不仅能起到帮助读者理解文字的作用,绘本里的图画还具有文字功能甚至超越文字的功能。图画书是大量生产的一种产品,是商品。图画书是社会、文化、历史的记录。在多种属性中,最首要的是,图画书是给儿童带来一种体验的作品……作为艺术形式,有三个方面决定了图画书的构造:图画和语言相互补足、融合;同时展示对开的两个页面;通过翻页营造戏剧性变化……图画书自身的可能性是无限的。"日本图画书专家松居直曾说道:"把图画只是作为对文章的补充和说明,或是为了加上图画让孩子看了高兴,这类书,都不能称之为图画书。什么叫图画书?图画书是文章说话,图画也说话,文章和图画用不同的方法都在说话,来表现同一主题……假如用数学式来写图画书表现特征的话,那么可以这样写:文 + 画 = 有插画的书,文 × 画 = 图画书。"(松居直,1997)中国儿童文学专家朱自强先生在松居直给出的数学式上做了改动,他认为"文 × 画 ≥ 3",因为文字和图画不仅是融合的,而且能生成比原来丰富的新东西。(朱自强,2012)

绘本诞生于 17 世纪的欧洲,于 20 世纪 30 年代流传到了美国,由 20 世纪五六十年代流入了日本、韩国,从 20 世纪 60 年代末 70 年代初开始流行于中国台湾地区,并于 20 世纪末、21 世纪初开始影响着中国内地。如今,绘本已在世界范围内受到儿童,甚至成年人的喜爱。如此受欢迎的绘本与儿童汉语教学有什么关系呢?绘本教学法为何适用于儿童汉语教学呢?该如何在儿童汉语教学中选择和使用绘本呢?下面的章节将依次对这些问题进行讨论。

第二节 绘本教学法于儿童汉语教学之意义

探讨绘本教学法于儿童汉语教学的意义，可以从绘本与儿童汉语教学的关系来讨论，讨论的内容包括绘本与儿童特征、绘本与汉语语言教学、绘本与儿童感知力、想象力培养三个方面。

一、绘本与儿童特征

儿童教育专家们发现实际上儿童对某件事物保持集中注意力的时间非常短。一般来说，3岁儿童能够保持集中注意力的时间为3~5分钟，4岁儿童大概可以保持10分钟，5~6岁儿童可以保持10~15分钟，学龄初期的儿童能比学龄前儿童保持稍微长一些时间，大约在20分钟左右。据此，以儿童为对象的汉语教学一定要考虑使用儿童感兴趣的教学内容和能够引起儿童注意的教学方法。而绘本及绘本的使用正符合了儿童的这一特征以及儿童汉语教学对趣味的要求，其原因如下：

第一，绘本由图画或"图画+文字"构成，其内容并不复杂，而且绘本也是儿童最熟悉的文学体裁，儿童在通过绘本学习汉语的时候可以少一些负担，多一些乐趣和积极的情绪，减少情感过滤。

第二，绘本以图画为主，其直观性和具体性与儿童的认知特点相符合。根据皮亚杰的认知发展理论，两岁到六七岁的儿童处于前运算阶段，这一阶段的儿童只能依靠可视性知觉进行判断，六七岁到十一二岁的儿童处于具体运算阶段，这一阶段的儿童可以根据具体的对象或事物状态来进行思考。比如，在教儿童"5比3大"的时候，如果把5个苹果和3个苹果摆在他们眼前，会更有效果。在向他们说明春、夏、秋、冬四季时，结合能反映四个季节特征的图片一起说明，会更易理解。与此相似，儿童汉语教学中，与文字语言相比，能以刺激视觉而引起认知的绘本的应用必能强化学习效果。

第三，绘本能调动儿童学习者的所有感官，以此促使他们兴致勃勃地参与汉语学习，并促进记忆形成，实现真正的"寓教于乐"。比如，Dorothy Kunhardt 的名作 *Pat the Bunny*，儿童在阅读此绘本时可以亲自触摸和感觉一下软软的兔毛，闻一闻花香，照一照镜子，摸一摸爸爸的胡子，试戴一下妈妈的戒指。短短9页的绘本已包含有名词和有关感觉的动词。儿童学习者可以在亲自参与的过程中，打开视觉、听觉、嗅觉和触觉来感知，从而获得深刻的印象。很多绘本还带有声音按钮，一按下去就会发出各种声音，如动物叫声、上课铃声、汽车喇叭声、雨刷声等。儿童可以通过视听和模仿习得拟声词。还有一些立体绘本或设有其他特殊装置的绘本，这类绘本互动性比较强，儿童必须动手操作才能进行阅读，比如韩国出版的《等等！我也去》《谁的声音》《谁住这儿？》等绘本都属于这一类。

二、绘本与汉语语言教学

大部分绘本以图画或图画与文字的融合来讲故事。加拿大儿童文学家培利·诺德曼在其著作《阅读儿童文学的乐趣》中指出"绘本最少包含3个故事，即文字叙述的故事，图画内含的故事，文字与图画的融合中产生的故事"。(페리、노들먼，2001) 比如，在英国绘本作家佩特·哈群斯的《母鸡萝丝去散步》中，母鸡萝丝散步的过程是通过文字叙述的，故事讲述了一只为了抓母鸡而一路倒霉的狐狸的故事，整个故事是通过图画展示的，文字与图画的融合使这两个故事结合在一起变成一个完整而有趣的故事。作者通过这种图文融合的方式与儿童读者进行对话，在这一对话过程中，儿童常常因故事情节而心生好奇激发兴趣从而高度集中注意力，抓住这个时机进行语言输入便可提高学习效率，强化学习效果。再举一个例子，日本绘本作家长新太的《吃了什么？》(《なにをたべたかわかる》)讲了一个荒诞的故事。一只小猫从大海中钓了一条鱼，在回家的路上，这条鱼吞下了老鼠、兔子、小狗、小浣熊、狐狸、猪和猩猩而变得巨大，将小猫压倒了，小猫奋力爬起来把这条巨大的鱼给吃了。最后作者提出问题"猫吃了什么？"整个过程中，儿童都被这个荒诞的故事吸引着，注意力高度集中，最后作家通过提问与儿童进行对话互动。如果把这个绘本用于汉语教学，不但可以教给学习者"吃了什么"的句型和绘本中出现的名词，最后的提问还可以帮助学习者通过回想这些名词和句型来加深印象。而儿童学习者也可以在这个荒诞有趣的故事中毫无负担地习得语言。从这个角度来看，绘本教学法其实是将作家与儿童读者的互动转换成汉语教学中"教"与"学"的互动，并在这个过程中注重语言的输入。

如上文提到的作品一样，绘本包含有丰富的语言资料，儿童可以通过绘本阅读，在一种相对自然的环境中习得词汇和语法。比如，绘本《晚安！月亮》，从头到尾非常宁静和温馨，绘本里重复地表达"晚安"，和"月亮""电话""气球""画""牛""熊""猫""手套""房子""耗子""梳子""刷子""糊""椅子""灯光""钟""袜子"等事物道晚安。这类似"Patten

Chinese", 用不同的词来练习同一种表达。儿童学习者可以通过学习《晚安！月亮》习得绘本里的名词和表达"晚安"的方式。还有绘本《小鸡学舌》(삐약이는 흉내장이)，绘本里重复着"换一换"这个句子，并包含了"叽叽""吱吱""哼哼""呱呱""汪汪""喵""嗯"等拟声词，儿童学习者可以通过学习《小鸡学舌》(삐약이는 흉내장이)，习得拟声词和"换一换"的表达。再比如绘本《小蓝和小黄》，儿童学习者可以通过这部绘本习得颜色词还可以了解汉语中的"小"在表达称呼中的作用。由此可知，用于汉语教学的绘本中的图画，不仅可以讲故事，可以表现背景氛围，还具有闪视卡片的作用，能帮助学习者理解汉语词汇与句子。以上这些都表明有趣的绘本对儿童汉语语言习得有促进作用。然而，绘本与儿童汉语教学的关系不仅表现在汉语语言教学方面，还在于对儿童感知力和想象力的培养。

三、绘本与儿童感知力、想象力

绘本语言如"诗"，符合儿童的特征，与儿童认识世界的方式一致。绘本阅读可以促使儿童语言和对美的感知能力的发展以及想象力的丰富。如我们所知，诗的灵魂是人类的灵魂，诗的情感也是人类的情感，往往需要读者去感悟。德国哲学家尼采（Nietzsche）把诗称作生命体的本质，他认为对于由这种生命体构成的世界，不能通过理性和逻辑来进行推论，应该通过直观来把握。"通过直观来把握"可以理解成感知和体察，换句话说就是通过感官和体验来认识世界，而这也正是儿童认识世界和判断事物的方式。儿童的情感、思想及生命是那样真实、纯洁和自然，相比习惯用理性思考的成人，儿童的感知力更强，想象力更丰富，他们的语言更接近生命体的本质，更具诗性。周作人也曾说"儿童大抵是天才的诗人"，其原因应在于此。

如何理解绘本语言的诗性呢？上面有提到绘本语言是通过"文字 × 图画"来表达的。中国人有言"诗、书、画"相通。诗与画中都有意象，作家往往通过意象和表现手法来传达意思和情感。诗语虽精炼其意义却深远，篇幅虽短小其想象却无限。绘本也是一样，文字虽少，却美而达意，绘本中的图画往往是有意象、有故事、有意境，与绘本的文字相融合，将语言表现力最大化。不仅如此，还画中有象，象外生象，绘本的图画还能传达出超越语言的意义和想象。这种意义和想象，有感而发，由心而生。正所谓"诗中有画，画中有诗"，绘本与诗在这一点上是相通的。下面举几个例子来说明：

第八章　绘本教学法

图 8-1　《一百万只猫》选图

图 8-1 是美国绘本作家婉达·盖格（Wanda Gág）的作品《一百万只猫》的最后一幅图画。一对老夫妇悠闲地坐在温暖的灯光下的圆桌旁，脸上带着微笑。圆桌下的地毯上有一只正在玩线球的小猫，线球的另一端连着老妇人手中的针织袜。老先生咬着烟斗，徐徐飘升的烟连着墙上挂着的俩人年轻时的大大的结婚照。这幅图就如诗一样，充满了意象，灯光、线球、烟斗、照片和小猫都是意象；巧妙地运用了象征和隐喻的手法，线球和小猫都象征老妇人，烟斗象征老先生，温暖的灯光和结婚照片象征着两人的幸福的婚姻，图画里的一切都隐喻一个"爱"字；"象"外还有"象"，当我们看到这幅图画时，不仅能感觉到图画里的温馨与爱，还能如瞬间踏上时光穿梭机去想象这对夫妇一生的相伴与爱情。

图 8-2　《一百万只猫》选图

图 8-2 是由日本绘本作家内田莉莎子根据俄国民间童话创作的绘本《拔萝卜》中的最后一幅图画。这幅图占据了两个页面，右边页面几乎绝大部分被白萝卜占据着，只有页面的右上角画了一只小老鼠，老鼠的尾巴缠着萝卜的最前端。如此的画面却还未能展现一个完整的大萝卜，自然会让读者通过

视觉和想象力去感觉萝卜的巨大并试图在头脑中描绘出完整的画面。就如庄子的《逍遥游》开篇就道"鲲之大，不知其几千里"，读者的思绪顿时被拉到几千里之外了。再比如美国绘本作家谢尔·希尔弗斯坦的绘本《爱心树》和《失落的一角》都只用简明的黑色线条作画，图画常常跨页或只呈现出部分，绘本页面上还往往留有大片大片的空白。如图 8-3、图 8-4 所示。

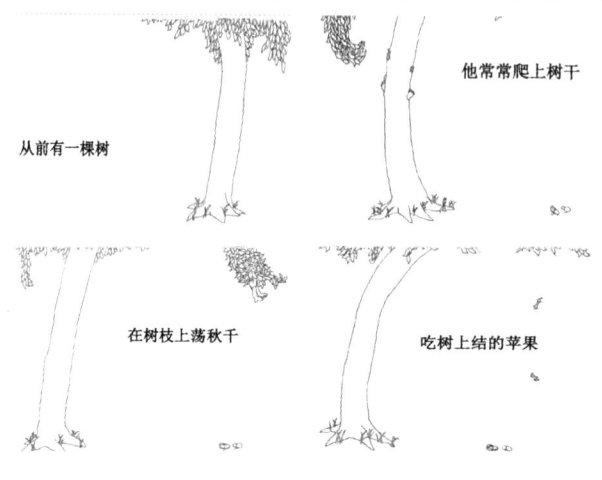

图 8-3 《爱心树》选图

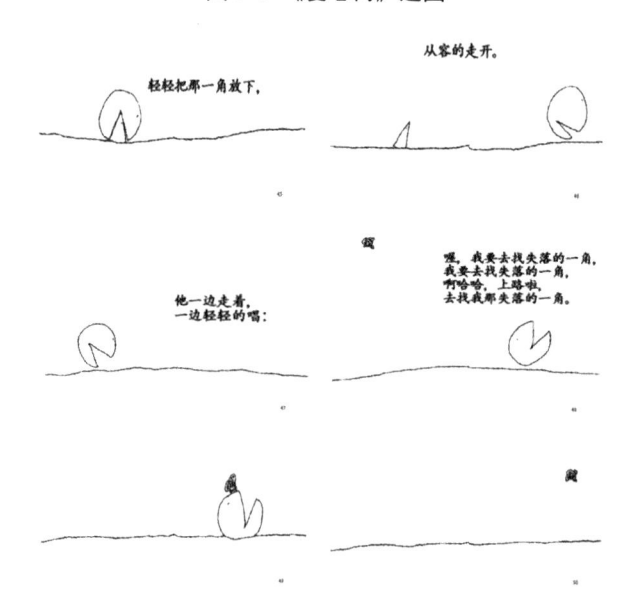

图 8-4 《失落的一角》选图

以少见多，以简单表达丰富，以视觉唤起想象。与之类似，诗也常常运用这种具有张力的手法来刺激读者的感官和想象力。比如贾岛的《寻隐者不遇》中的"云深不知处",柳宗元的《江雪》中的"千山鸟飞绝,万径人踪灭",李白的《望庐山瀑布》中的"日照香炉生紫烟""飞流直下三千尺,疑似银河落九天"都是通过虚实结合的手法,使"象外有象",激发读者的想象力和情感。

绘本的诗性不仅蕴藏在图画中,还在于绘本的声音中。你或许会问"绘本不是用来看的吗",但你是否想过绘本只是用来看的吗?为什么我们常说"读绘本""听绘本"呢?实际上儿童常常通过听绘本或通过发声的方式读绘本来感受绘本的语言和节奏。绘本和诗一样要求读者用耳聆听,聆听绘本富有诗性的语言的独特节奏与情感,并与图画结合感知画内或画外的声音乐趣。就犹如在张继的《枫桥夜泊》中,"夜半钟声到客船"使我们脑海中立刻会出现在那个宁静的夜晚,悠悠漂来的客船,仿佛就能听到"当……当……"的钟声;在孟浩然的《春晓》中"夜来风雨声,花落知多少"使我们的眼前立即呈现出夜晚风雨交加,吹打得落花满地的情景,耳边仿佛已经能听到"呼呼"的风声和"沙沙"的雨声;在读到王维的《山居秋暝》时,一句"明月松间照,清泉石上流"让你闭上眼睛就若置身于青松明月之间,能聆听到"叮咚叮咚"的山泉声。下面我们通过一些例子来聆听一下绘本的声音:

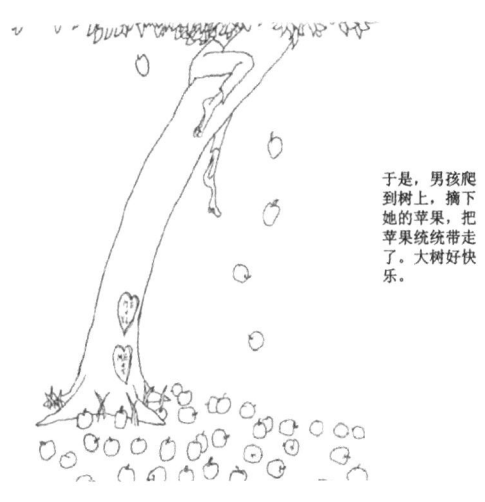

图 8-5 《爱心树》选图

图 8-5 是《爱心树》里的一页,看到这幅图画,你是否已经听到苹果从树上掉落时的"咚咚"声呢?这也是大树和男孩快乐的心声吗?

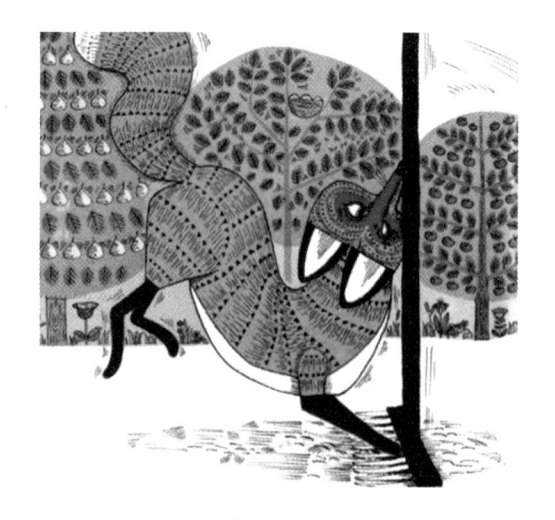

图 8-6 《母鸡萝丝去散步》选图一

图 8-7 《母鸡萝丝去散步》选图二

图 8-8 《母鸡萝丝去散步》选图三

图 8-9 《母鸡萝丝去散步》选图四

图 8-6 至图 8-9 出自绘本《母鸡萝丝去散步》。我们可以从图中听到"哐当"声和狐狸"啊"的叫声，听到"噗通"的落水声、狐狸"哇"的尖叫声和青蛙惊讶的"呱呱"声，车轮"咕噜咕噜"的滚动声和狐狸"啊"的尖叫声，听到"嗡嗡嗡"的蜂鸣声和狐狸的惨叫声。这些声音是绘本的声音，绘本因这些声音而变得无比生动有趣，富有生命力。

图 8-10 《我爸爸》选图一   图 8-11 《我爸爸》选图二

图 8-10 和图 8-11 出自绘本《我爸爸》，从图 8-10 我们仿佛能听见孩子说"爸爸抱"，从图 8-11 我们仿佛可以听见孩子说"爸爸亲亲"，还仿

佛可以听见父子幸福的笑声。这些声音与图画和文字一起,传达出"爱"的情感和意义。儿童在阅读和聆听绘本时,自然会获得感性认识,发挥出想象力。反之,利用绘本进行语言教学,其功能不止于语言教学,还能促进儿童感知力和想象力的发展,培养儿童的语言建构能力。

四、绘本与儿童多元智能的发展

前面有提到文化视角下的儿童汉语教学是多方向、多功能的教学。利用绘本法进行的汉语教学还可以促进儿童多元智能的发展。比如,利用绘本《小蓝和小黄》进行汉语教学的过程中,儿童学习者的言语语言智能(通过语言知识的学习和练习)、视觉空间智能(通过对色彩的观察和认知)、人际沟通智能(通过观察小蓝和小黄,小蓝、小黄和朋友,小蓝、小黄和父母的关系)和自然观察智能得以发展(通过观察小蓝和小黄抱在一起变成绿色)。再比如,利用绘本《饥饿的毛毛虫》进行汉语教学的过程中,学习者的言语语言智能(通过语言知识的学习和练习)、视觉空间智能(通过对色彩和图形的观察和认知)、数理逻辑智能(通过数字学习和星期学习)、自然观察智能(通过对毛毛虫变蝴蝶的过程观察)、人际沟通智能(通过课堂活动中的协作)等都能得到发展。

第三节 韩国儿童汉语教学中绘本的"选"与"用"

由上一节内容可知绘本教学法适用于儿童汉语教学,那么数量庞大,种类繁多的绘本中,什么样的绘本最适用于以韩国儿童为对象的汉语教学呢?如何使用绘本教学法呢?

一、绘本的选择

笔者认为适用于韩国儿童汉语教学的绘本大体上可以分成三类:第一类是绘本名著,尤其是有汉语译本和韩语译本的名作;第二类是由韩语绘本原著翻译来的流行于中国图书市场并深受儿童欢迎的汉语译著;第三类是汉语原创绘本,尤其是有关中国文化内容的绘本。

(一)绘本名著

绘本名著可以作为韩国儿童汉语教学的首选。即利用绘本名著在韩国儿童韩语学习者与汉语之间搭建桥梁，提高学习效率和优化学习效果，其原因如下：

第一，绘本名著一般是经过了儿童读者和岁月的检验，已获得认定的优秀作品。绘本名著往往是栩栩如生的图画和精巧文字的完美融合，它能唤起读者所有的感官，将他们的注意力和感情吸引到作品当中。因此将绘本名著用于儿童汉语教学，能使儿童学习者集中注意力参与学习，享受学习过程中的乐趣，进而萌发对汉语学习的兴趣，并可能将这种兴趣保持下去。

第二，大部分绘本名著通常会有好几种语言的译本。其中既被翻译成韩语出版又被翻译成汉语出版的绘本作品最具利用价值。比如《我爸爸》《我妈妈》《饥饿的毛毛虫》《鳄鱼怕怕，牙医怕怕》《我的连衣裙》《小蓝和小黄》《手套》《好大好大的红薯》《拔萝卜》《母鸡萝丝去散步》《我们要去捉狗熊》《换一换》等。这些绘本名著既有汉语译本，方便教师准备课堂资料；又有韩语译本，方便学习者通过比较来理解和学习，还方便学生父母帮助学习者在家进行复习。

第三，儿童学习者从小已经接触或阅读了很多绘本名著，对绘本中的名著有着熟悉感。这种熟悉感对儿童学习者的汉语学习起了很大作用。正如在前面的童谣法章节中提到的，人的大脑中都有一种被称作"schema"的图式，在遇到新知识或新经验时，只有通过与之前储藏于图式中的知识或经验相联系，才能更快、更好的接受。对此，皮亚杰将"智力适应（intellectual-adaptation）"定义为"同化（assimilation）和调节（accommodation）之间的平衡化，类似于主体与客体之间相互作用的平衡"。（Richmond P.G., 1995）将过去的经验作用于现在被称作"同化"，为说明现在而使过去经验适应于此被称作"调节"。"同化"与"调节"的一致性产生于已适应的智力。智力的发展则是恢复曾在同化与调节间被打破的平衡的过程。不只语言学习，所有的学习都以过去的学习和经验为基础。认知总是在由平衡到不平衡，再到平衡的过程中发展。皮亚杰的认知发展理论可以结合表8-1来理解。

表 8-1 认知发展过程示例

阶段	各阶段概念	解释	示例
1 阶段	图式（平衡状态）	图式与经验处于平衡状态	认为会飞的都是鸟
2 阶段	同化	在受到新刺激时，将之与已有图式联系起来	当看到飞机从天空飞过，以为飞机是一只大鸟
3 阶段	顺应	调节图式，使之适应于新的刺激，做出合适的反应	飞机没有羽毛，也不扇动翅膀，那它可能不是鸟。问别人它是什么或者给它取个新名字
4 阶段	平衡化	完成图式再构，再次实现平衡	认识到了鸟会飞，飞机也会飞

如此，利用绘本法进行韩国儿童汉语教学时，儿童熟悉的绘本名著能帮助他们在新知识和已有经验之间建立联系，促使他们更快更轻松地接受和消化新知识。下面以绘本名著《小蓝和小黄》为例，结合表 8-2 进行具体说明。

表 8-2 韩国儿童通过《小蓝和小黄》学习汉语的习得过程

阶段	各阶段概念	示例
1 阶段	图式（平衡状态）	熟知韩语译本《小蓝和小黄（파랑이와 노랑이）》中的故事和人物
2 阶段	同化	当学习汉语译本《小蓝和小黄》时，能联想到韩语译本中的故事和人物
3 阶段	顺应	汉语的称呼'小蓝'和'小黄'的发音听上去很陌生，它们是什么呢？是人物的名称吗？这是学习者会集中注意力去听绘本并通过猜测或询问老师来寻找答案
4 阶段	平衡化	学习者认识到两者都是绘本中的人物名称，韩语"파랑이"在汉语里表达为"小蓝"，韩语"노랑이"在汉语里表达为"小黄"

通过观察上表所示的四个阶段可以得知，在已知绘本内容的情况下，将语言替换是利用绘本名著进行儿童汉语教学的特点。此类绘本教学法具有妥当性、便利性、科学性和高效性的特点。

（二）汉译韩国绘本

与绘本名著有异曲同工之效的还有汉译韩国绘本。汉译韩国绘本是指由韩语原创，先在韩国出版后，被翻译成汉语，在中国的图书市场上销售并获得中国儿童的欢迎和认可的绘本。比如，《云朵面包》《老虎怕柿子》《澡堂里的仙女》《月亮冰激凌》《我不怕打针》《小狗便便》《好大好大的一颗蛋》《没关系呀》《我也行呀》《小公主不知道》《想和我做朋友吗？》《谁的影子》《你是什么种子？》《幸福的语言》《妈妈的马》《讨厌讨厌》《我要抱抱》《握一握，戳一戳》等都属于这类绘本。反之，优秀的韩译中国绘本在韩国儿童汉语教学中也是具有较高利用价值的，因为两种译本在学习过程中可以对照使用，但是从目前状况来看，这类绘本比较少。

（三）汉语原创绘本

汉语原创绘本中的优秀作品。比如，《会说话的手》《总有一个吃包子的理由》《腊八粥》《灶王爷》《好困好困的新年》《十二生肖的故事》《金太阳，银太阳》《猜猜我是谁》《迟到的理由》《耗子大爷在家吗》《天啊，错啦！》《跑跑镇》《妈妈买绿豆》《世界上最棒的礼物》《小蝌蚪找妈妈》《三十六个字》《二十四节气》，等等。这些绘本中包含有许多与中国人日常生活、思维方式，以及中国文化相关的元素。学习者学习这些绘本的过程其实也是他们接触和习得中国语言－文化的过程。

二、绘本教学法的运用

上面提到了三种适用于韩国儿童汉语教学的绘本。那么绘本教学法应注意什么呢？如何实施呢？一般来说在利用绘本进行汉语教学的时候一定要重视"反复"二字，其原因有二。一是因为绘本中本就有词汇和句型表达的重复现象。比如，在《晚安！猫头鹰》中"猫头鹰"这个词汇出现了13次，其他鸟类的名称和鸟鸣的拟声词都出现了4次，而"想睡觉"的表达出现了11次，"好想睡觉"的表达出现了10次。所以在利用这类绘本进行汉语教学的过程，其实是在以一种非常自然的方式对学习者进行反复的语言输入。反复的语言输入给学习者带来强烈的刺激，刺激记忆的形成。二是因为儿童读绘本，常常不止一次。如我们所知，儿童读绘本，一般以大人读文字部分，孩子边听边读图的方式进行，但如果儿童遇到自己喜欢的绘本故事，一般会要求大人反复地给他们读，他们听上十几遍、几十遍甚至更多也不会厌烦。通过这种反复的"读"和"听"，儿童便会自然地记住里面的词汇和句子，理解故事并注意到更多细节。之后，便可以独立地读绘本了。与此相通，利用有趣的绘本进行汉语教学，应关注"反复"的特点，重视"反复"的作用，让儿童学习者在反复地听、读过程中熟悉并记忆汉语词汇和句型。

绘本教学法还应关注儿童学习者的年龄特征、个体的特点和兴趣，选择符合具体教学对象的绘本以及合理使用绘本。换而言之，就是要根据教学对象，选择难易度合适的绘本，并确定教学目标和重点。儿童汉语教学中的绘本教学不是一定要让孩子掌握绘本里的所有词汇和语言表达，而是应根据具体情况决定哪些内容重点教，哪些内容一带而过。语言习得是一个积累的过程，绘本教学法也应尊重"i+1"原则，循序渐进，帮助儿童树立汉语学习的自信，使儿童产生并保持对汉语学习的兴趣。下面来谈谈绘本教学法的具体运用。

首先，根据儿童的年龄和汉语水平来确定教育目标。在课堂上，对3～5岁的儿童汉语学习者不应做过多要求。如果要求他们掌握整本绘本中包含的所有汉语词和句型显然是不切实际的，与其这样，不如只要求他们掌握几个词汇或一个句型，最重要的是使他们产生对汉语的兴趣，帮助他们树立起自信。相比之下，对6～8岁的儿童可以传授更多的知识，但也要重视兴趣的培养和作用，并注意把握注意力高度集中的时间，将最核心的知识在这段时间内传授。比如，在利用绘本《小蓝和小黄》进行教学时，若教学对象是3～5岁的儿童，可以考虑把"蓝""黄""绿"等色彩词的习得作为语言教学目标，因为在这部绘本中，最直观的词就是这3个色彩词了，儿童很容易接受。若教学对象是6～8岁的儿童，则可以把"妈妈""爸爸""朋友""蓝""黄""绿""抱""哭""玩""和"等词汇的习得作为语言教学目标。再比如，利用绘本《小鸡学样》进行教学时，如果教学对象是3～5岁的儿童，可以把语言教学的目标设定为对"换一换"句型的掌握，以及绘本中出现的动物拟声词的习得。如果教学对象是6～8岁的儿童，则可以把目标设定为对绘本中出现的动物名称、拟声词和"换一换"句型的习得。

其次，在教学过程中要注意让学生边听故事边看图，因为这样不仅有趣，还有利于他们理解绘本内容。可以通过幻灯或打印的方式把绘本里的图画放大，因为被放大的图更能吸引儿童，使他们注意力集中。此外，在讲故事的过程中，不必都使用汉语，应根据学生的汉语水平来调整。毕竟让学生理解故事内容，感受其中的趣味，进而产生或保持对汉语学习的兴趣是最重要的。

具体做法可以是先给学生看图画讲故事，然后教授绘本中的目标词汇和句型，边示图边教，并指导学生反复练习。随后再带着学生从头到尾读一遍绘本，此时，必须用汉语慢慢地读出绘本中的目标词汇或句型表达。结束第二遍阅读后，再给学生出示目标词汇和句型，并进行反复练习。接着，可以通过一些课堂活动或游戏调动儿童学习者的所有感官和注意力，使他们积极参与到汉语学习中来。最后再带学生复习目标词汇和句型，并再次阅读绘本，以此加深对绘本语言及内容的理解和记忆。下面笔者将以两个绘本结合实际教学案例来进行说明。

（一）《饥饿的毛毛虫》教学案例

表 8-3　利用《饥饿的毛毛虫》进行儿童汉语教学指导方案

教学内容	《饥饿的毛毛虫》	
教学对象年龄	3～5岁	6～8岁
教学目标	1. 让学生掌握"毛毛虫"从"一"到"六"的数字词或从"星期一"到"星期天"的有关星期的表达 2. 理解绘本内容 3. 培养学生对汉语绘本和对汉语的兴趣 4. 促进学生语言智能、空间智能、逻辑智能、自然智能和人际智能的发展	1. 让学生掌握从"星期一"到"星期天"的有关星期的表达，"毛毛虫""苹果""梨""李子""草莓""橘子""蛋糕""冰激凌""奶酪""黄瓜"等名词，"饥饿""大"等形容词，以及动词"吃" 2. 理解绘本内容 3. 培养学生对汉语绘本和对汉语的兴趣 4. 促进学生语言智能、空间智能、逻辑智能、自然智能和人际智能的发展
教学步骤	①→②→③→④→⑤→⑥→⑦	

①将汉语译本放大，如（图8-12）所示，并结合图片给学生讲《饥饿的毛毛虫》的故事。观察儿童的反应，有必要的情况下，可以用韩语再讲一遍。

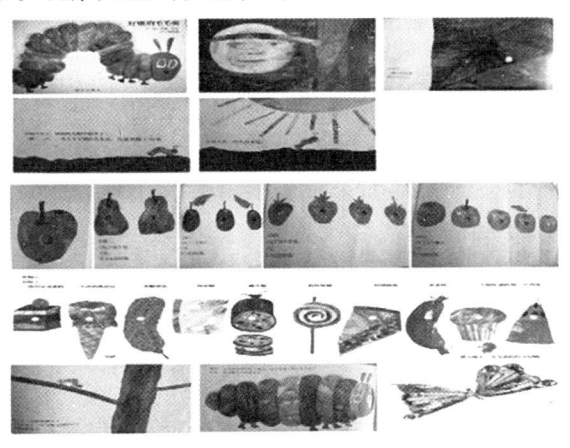

图 8-12　《饥饿的毛毛虫》选图

②让学生看上图或利用课前准备的Flash卡教授目标词汇，纠正发音，并带学生反复进行练习。如图8-13所示。

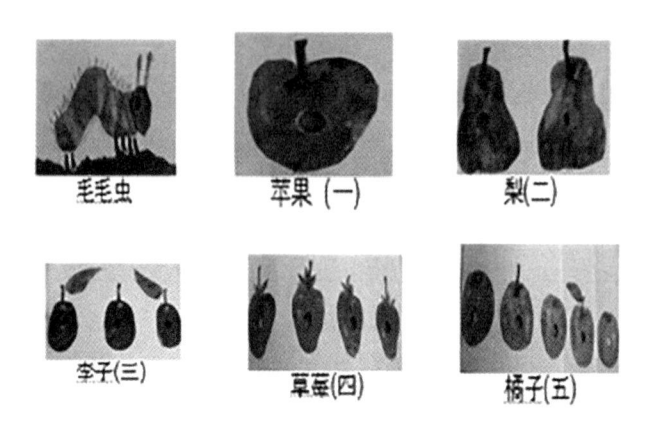

图8-13 《饥饿的毛毛虫》重点词汇的Flash卡

③再次结合图8-12，用汉语复述一遍故事。

④再结合图8-12或图8-13引导学生练习和记忆词汇。

⑤通过一些活动或游戏帮助学习者加深对绘本内容的理解，以留下深刻印象。比如可以通过开展有关"饥饿的毛毛虫"的美术活动来活跃课堂氛围，增加学习的乐趣，帮助学生熟悉和巩固所学知识。

⑥把事先准备好的"饥饿的毛毛虫"模型和上图中的图形发给学生，让学生亲自给毛毛虫涂色。然后指导学生根据绘本故事，将上图中的各种图形贴近"毛毛虫"的肚子里。如果学生数量比较多，建议将学生分组，以小组为单位来完成。这一环节不仅可以检验学生对绘本内容的理解程度，对新学词汇的掌握程度，还可以促进学生的空间智能、数理逻辑智能和人际交往智能的发展。

⑦活动结束后再带着学生把学习过的词汇复习一遍，然后用汉语将《饥饿的毛毛虫》故事再讲一遍。在讲故事的过程中开始向儿童学习者提问。比如，"毛毛虫吃了几个苹果""星期四毛毛虫吃了什么"等。让学习者运用所学的汉语词汇来回答问题。

笔者为了检验以上教学方法的实效性，以四名5岁韩国儿童汉语学习者为对象[①]进行了实验教学。教学方案（包括教学目标、教学内容，课程时间、教学步骤）如表8-4所示。

---

① 教学实验是于2018年进行的，教学对象为韩国湖西大学附属幼儿园的4名5岁儿童。

第八章　绘本教学法

表8-4　5岁儿童汉语教学之绘本《饥饿的毛毛虫》教学方案

教学内容	《饥饿的毛毛虫》
教学对象年龄及人数	4名5岁儿童
教学目标，内容	1. 让儿童学习者掌握词语"毛毛虫"、从"一"到"六"的数字词以及从"星期一"到"星期天"的有关星期的表达 2. 使学生理解绘本内容 3. 培养学生对汉语绘本和对汉语的兴趣 4. 促进学生语言智能、空间智能、逻辑智能、自然智能和人际智能的发展
教学时间	大约40分钟
教学步骤	①→②→③→④→⑤→⑥

教学过程中的具体方法及步骤如下：

笔者在上课之前，已经将图8-15中的毛毛虫的"头"和"身体"准备好了。上课开始时，给教学对象展示绘本。四名实验教学对象都曾看过韩语译本，对内容非常熟悉。

（1）笔者先慢慢地翻页，结合每页的图画，用汉语将这个故事讲了一遍。然后再用韩语讲一遍，但这一次讲述的过程中，笔者把"毛毛虫""星期一""星期二""星期三""星期四""星期五""星期六"等词汇换成了汉语，并用手指着图画上相应的位置，用手在白板上写出阿拉伯数字来教汉语数字。

（2）然后出示画有1只毛毛虫、1个苹果、2个梨子、3个李子、4个草莓、5个橘子、6个冰激凌的7张Flash卡，大声读出1～6的汉语发音，并让学生反复跟读。在反复跟读中，帮助学生纠正发音，并让学生把数字记忆下来。

（3）在练习发音和记忆数字之后，再翻开书页，用汉语讲述故事。

（4）再出示Flash卡，让学生反复跟读，并帮助学生纠正发音。

（5）最后与学生一起进行制作"毛毛虫"的美术活动。让学生给毛毛虫画张脸，贴上脚，给毛毛虫的身体涂上颜色，再根据故事内容，将图8-14中与绘本对应的水果和食物贴在毛毛虫的身上。图8-15是参与绘本汉语课堂的儿童学习者亲自制作的"毛毛虫"的真实照片。

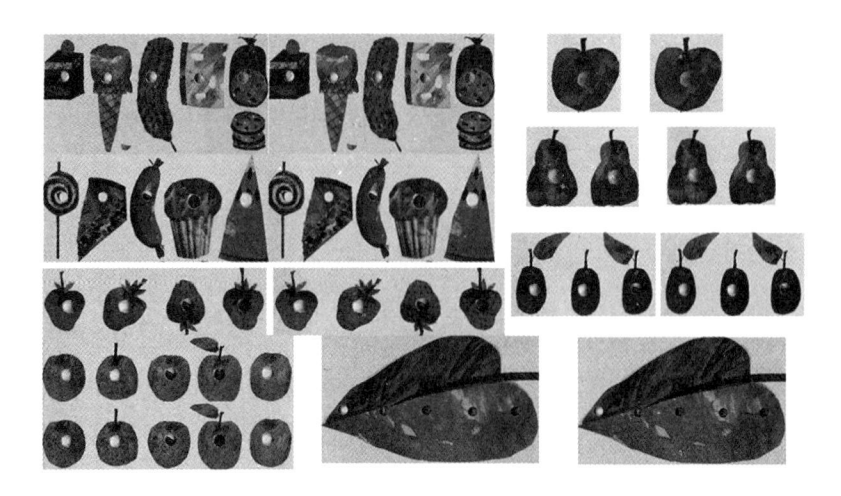

图 8-14 《饥饿的毛毛虫》中出现的水果和食物

图 8-15 参与绘本汉语课堂的儿童学习者亲自制作的"毛毛虫"

（6）美术活动结束后，让儿童学习者拿着自己的毛毛虫，在笔者的指导下，与笔者一起反复练习刚学的词汇。

课程进行中，儿童学习者的积极性和参与度非常高，注意力非常集中。课程结束时，4名儿童学习者都能用汉语说出"毛毛虫""星期一""星期二""星期三""星期四""星期五"和"星期六"等词汇。当他们捧着自己制作的"毛毛虫"下课时，满脸自豪和喜悦。这次实验课的结果表明，笔者提出的绘本教学法对于儿童汉语教学来说是有效的，而且其功能不只在对儿童语言能力的培养，还在于对其兴趣的培养和多元智能的发展。

（二）《二十四节气》教学案例

笔者曾用绘本《二十四节气》进行过儿童汉语教学实验，以下是教学实验的方案。

第八章　绘本教学法

表10　利用《二十四节气》进行儿童汉语教学指导方案

教学内容	《二十四节气》《二十四节气歌》
教学对象年龄及人数	4名满5岁儿童[①]
教学目标	1. 使学生对"二十四节气"有所了解 2. 掌握词语"春""夏""秋""冬""雨""雪""霜""露" 3. 能诵读和背诵《二十四节气歌》的前四句 4. 培养学生对汉语绘本和对汉语的兴趣 5. 促进学生语言智能、自然智能、逻辑智能、音乐智能和空间智能的发展
教学时间	4次课，每次40分钟
教学步骤	①→②→③→④→⑤→⑥→⑦

①先让学生说说四季是哪四季，它们都有什么特征，并让学生说说自己最喜欢的季节。

②给儿童学习者介绍一位名叫"节气"的孩子，让儿童学习者观察图片并说说图片里的孩子在做什么，并与他们一起欣赏绘本《二十四节气》(熊亮，董梅，2015)，如图8-16、图8-17、图8-18、图8-19所示，每次6张图片。最后一次课，将前面3次课的图片和最后6张图片串联起来。

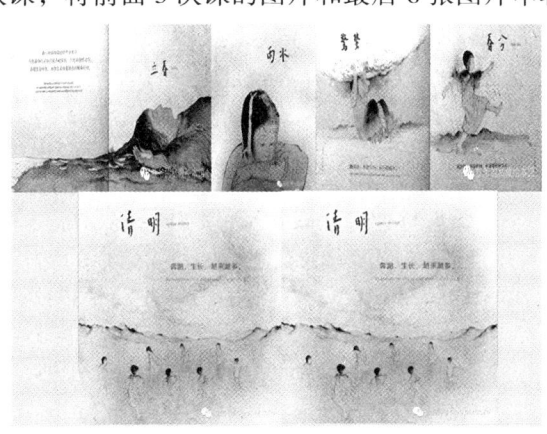

图8-16　《二十四节气》绘本图画（春）

[①] 教学实验是于2018年进行的。教学对象为韩国湖西大学附属幼儿园的4名5岁儿童。

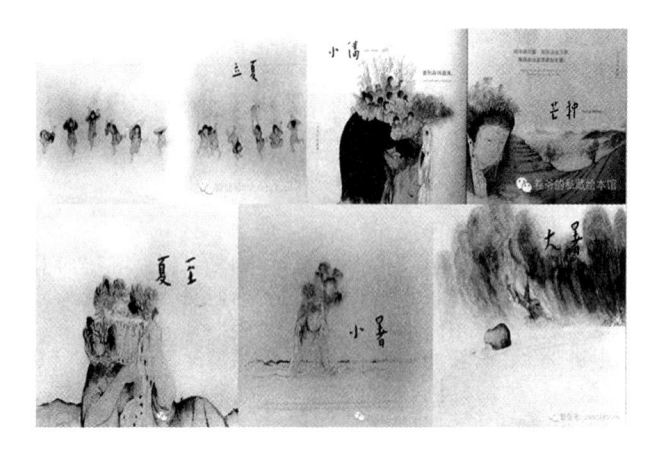

图 8-17 《二十四节气》绘本图画（夏）

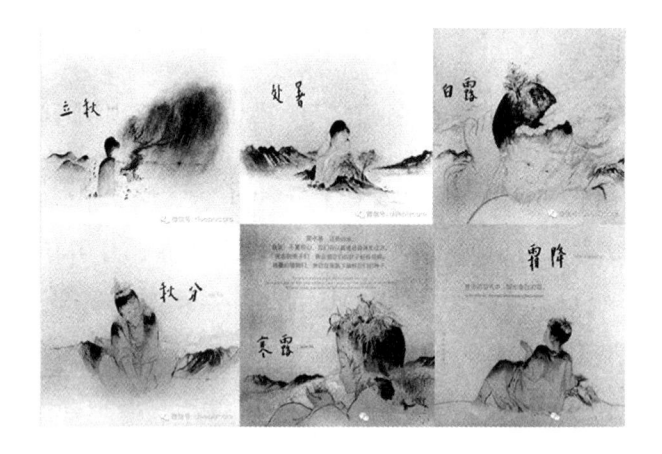

图 8-18 《二十四节气》绘本图画（秋）

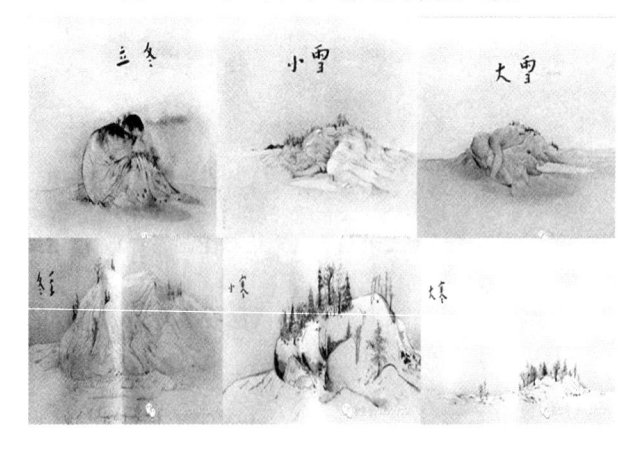

图 8-19 《二十四节气》绘本图画（冬）

③用韩语介绍每一张图片,讲绘本中每个季节的故事,并将图片作为现成的 Flash 卡,教授节气的名称。带学生看着图片反复大声地读词汇,并帮助学生纠正发音。

④利用事先准备的 Flash 卡片,按照词汇的出现顺序,教授"春""夏""秋""冬""雨""雪""霜""露"等词汇。

⑤按顺序教授《二十四节气歌》的前四句,每次上课只教一句。让儿童学习者结合图片并通过反复听和跟读来记忆。

⑥再带学生复习该季节的故事和该季节中节气的名称。

⑦活动环节。打乱图片顺序,将图片贴在白板上,第一次让学生听节气名称,选择图片。第二次,将图片顺序打乱,贴在白板上,让学生按照绘本内容给图片排序。

⑧再利用 Flash 卡复习节气名称并带学生记诵童谣《二十四节气歌》的句子。

⑨每次课后布置任务:请学生画出"春""夏""秋""冬"。

被实验的儿童学习者在整个学习过程中注意力比较集中。经过反复地读图和听、说练习后,学习者能认读 Flash 卡片上的节气名称,也可以将每次课的 6 张图片正确排序。笔者还在第一次课结束后的第二天发现学习者能看着白板上未擦去的《二十四节气歌》第一句"春雨惊春清谷天",很自然地把它读出来。实验结果表明,儿童汉语教学中的绘本教学法对语言学习、文化学习和文字认读有不同程度的效用。但教育者进行教学设计时应该根据教学对象把握好难易度,并在实际教学过程中重视"反复"的作用。

以上是有关儿童汉语教学中绘本教学法的阐述。绘本教学法不仅可以愉悦儿童学习者的耳目,使他们兴致勃勃地参与到学习中来,还可以培养他们对语言之美的感知能力,丰富想象力和发展多元智能。汉译经典绘本、汉译韩国原创绘本,中国原创经典绘本都具有高度的教学利用价值,这些绘本中包含有丰富的语言资料和文化元素。运用绘本法进行儿童汉语教学的过程是以一种接近自然的方式对儿童学习者进行语言输入的过程,不仅可以降低情感过滤,增强学习者语言习得的效果,还能帮助学习者树立自信并在不知不觉中爱上学汉语。

第九章

游戏教学法

第九章　游戏教学法

第一节　游戏与儿童教育的关系

一、游戏

"游戏"是什么呢？许慎在《说文解字》中写道"'游'，旌旗之流也。从㫃汓声。遊，古文游。"游是装饰旗帜的飘带。飘带在空中飘动的样子就像水流动的样子。"戏"本有"角力"之义，后来派生出"玩笑""游戏"和"娱乐"之义。"游戏"一词最早出现在《韩非子》中，"或曰：管仲之所谓言室满室，言堂满堂者，非特谓游戏饮食之言也，必谓大物也"。这里的"游戏"就是"玩耍"的意思。之后，"游戏"的意思又扩大到"兴趣""娱乐""情趣"和"忘记我和我以外世界的自由境界"等。比如，司马迁在《史记》中写道："我宁游戏污渎之中自快，无为有国者所羁，终身不仕，以快吾志焉。"其中的"游戏"就是指忘记我和我以外世界的自由境界。现代汉语中的"游戏"应该包含了形式上的游戏活动和精神上的游戏情趣。在英语中，一般有两个用来表达"游戏"词语，一个是"play"，另一个是"game"。"game"是按一定规则进行的带有很强的社会性的游戏，而"play"的范围更广，包括了一般的活动或玩耍。

二、游戏与儿童

那么游戏和儿童是什么关系呢？游戏可以被看作是儿童的一种重要的生存方式。朱自强先生曾说"游戏之于儿童，是其生活本身，游戏的意义即生活的意义，游戏是纯粹的生活，生活是纯粹的游戏……在儿童生活中，游戏是一种精神的体现，游戏是儿童理解、体验、超越生活的方式"。（朱自强，2000）比如，儿童在满是泡泡的浴缸里洗澡时，他们会抓起泡泡，捧在手里，看着泡泡的形状，把它想成某种动物，与它对话。或者把自己想象成一条海里的美人鱼，在浴缸里扑腾扑腾作游泳状。用便时，儿童还常常手里拿玩具，嘴里嘀嘀咕咕的，并在用便之后，看着自己的便便，把它想象成小动物或"便宝宝"，然后一边冲水，一边和它说"再见"。睡觉时，儿童会想象自己去梦的王国见童话里的人物形象。儿童常常不区分游戏和日常生活，并通过游戏超脱出现实生活中的各种限制，以想象的方式理解世界并建立与世界的联系。儿童生活中的所有活动都包含着"游戏"精神。他们追求自由和新奇，他们沉浸在游戏的情趣中达到了"忘我"的境界。

游戏可以满足儿童情感上的要求，能促进儿童身体、智力和社会能力的发展。弗洛伊德（Sigmund Freud）从神经分析的角度分析了游戏于儿童情感的作用。他指出现实生活中的儿童因受到各种干涉和限制，在自己的欲求不能得到满足，情感不能表达的情况下，通过游戏能获得安全感，通过想象能消遣因现实社会而产生的压力，并通过在游戏中获得的支配力来确认自己的能力和发展。不仅如此，儿童通过游戏给周边的人或事物带来影响时，他们会感到喜悦并产生自信。比如，儿童玩乐高，虽然在进行过程中可能会遇到一些困难，但在成功地拼建起一幢建筑物时，他们会很有成就感，会产生极大的兴趣。游戏不但能带给儿童情感上的满足，还能增进儿童的自我认识以及与他人交流的能力，因为大部分游戏是以集体为单位进行的，儿童通过游戏学会理解他人，学会与他人协作，并在与他人的交流中逐渐发现和认识自我。换而言之，游戏给了儿童发展社会性的机会。当然，游戏还与儿童的身心相关。儿童处于神经、肌肉和骨骼的发育期，大部分儿童生来好动，游戏正符合这一特征，它可以促进儿童身体的均衡发育。不仅如此，游戏还有益于认知发展。因为对于儿童来说，游戏是他们认识世界的一种方式。儿童在游戏中通过亲自触摸、积极模仿、听说交流来获得感知和获取信息，再通过将新信息和已有经验联系以获得新的知识和经验。因此，皮亚杰指出游戏是儿童的本能活动，是儿童智能发展的重要方式。

三、游戏与教育

孔子曾说"知之者不如好知者，好之者不如乐知者"。"乐学"被视为学习的最高境界。我们可以把它理解为对"兴趣"与"学习"之间的关系的重视，即主张"寓学于乐""寓教于乐"。明代思想家王守仁提出为了持续和有效的教育，应尊重儿童的天性，顺着儿童的天性，以生动的教育方式诱发他们对学习的兴趣。他曾经在《传习录》中写道"大抵童子之情，乐嬉游而惮拘检，如草木之始萌芽，舒畅之则条达，摧残之则衰痿，今教童子，必使其趋向鼓舞，中心喜悦，则其进自不能已"。（왕양명，2000）"爱玩"是儿童的天性和特点。教育若能顺应这种天性，与游戏融合，便能提高儿童学习的兴趣，促进他们学习能力的发展，从而实现更好的学习效果。他还在《教约》肯定了"乐学"的作用，即"常使精神力量有余，则无厌苦之患而有自得之美"。（왕양명，2000）像这样，"游戏"与"教育"的关系，在西方语言中也有体现。古代希腊语中的"paidia（游戏）"与"paideia（教育）"

非常相似,两个词都与"pais(儿童)"一词紧密关联。现在英语中的"school(学校)",由拉丁语"scholz"发展而来。"scholz"在希腊语中作"skhole",原为"休闲"之义。(筑波大学教育学研究会,1986)由此可知,从很早开始教育就和游戏联系在一起了。西方有很多思想家和教育家曾对游戏和教育的关系进行过思考和说明,比如柏拉图(Plato)、裴斯泰洛齐(Johan Heinrich Pestalozzi)、扬·阿姆斯·夸美纽斯(Comenius-Johann Amos)、卢梭(Jean-Jacques Rousseau)、福禄贝尔(Friedrich Wilhelm August Fröbel)、杜威(John Dewey),等等。"自然教育"理念是从卢梭开始的。他主张保护人类天性,尊重自然发展,认为教育要符合儿童的年龄特征和性格差异,要能满足他们内在的发展需求,从基本动力出发。他曾说"问题不在于教各种学问,而在于培养爱好学问的兴趣……这是所有一切良好教育的一个基本原则"。受其影响,著名儿童教育家福禄贝尔把游戏和儿童的生活和教育更加紧密地联系在一起。他在其著作《幼儿园》中描述了一整套独创的游戏。通过让儿童玩这套利用不同颜色和形状的球体和立方体等进行的游戏,认识物体的大小、形状和颜色,帮助他们形成时间、空间和数的概念以及构造能力。游戏法是以一种趋近自然的、生态的学习方法。那么这种教学法于儿童汉语教学有何意义呢,两者之间有什么关系呢?就韩国儿童的汉语教学来说,如何"选""用"游戏呢?接下来,我们将对这些问题进行探讨。

第二节 儿童汉语教学之游戏教学法

一、儿童汉语教学中游戏法之理论背景

笔者认为儿童汉语教学之游戏教学法的理论支撑可以从皮亚杰的"认知发展理论"和"建构主义学习理论"、克拉申的"第二语言习得理论"和"情感过滤假说"、詹姆斯·阿士尔的"全身反应教学法"及加德纳的"多元智能理论"等五种理论来讨论。

第一,皮亚杰的"认知发展理论"将儿童认知发展分为4个阶段:感觉运动阶段、前运算阶段、具体运算阶段和形式运算阶段。处于前三个阶段的儿童认知特点都包含直观性、具体性和运动性。儿童汉语教学中游戏法的运用符合儿童的认知特点。儿童在游戏中通过感知和实践的方式习得汉语,发展认知。

第二，根据皮亚杰认知发展论中的建构主义学习理论可知儿童是通过与周边环境的相互作用来认识世界并建立认知结构的。儿童的认知结构经历"同化"与"顺应"的过程，在"平衡—不平衡—平衡"的循环中逐渐发展和丰富起来。建构主义学习理论强调，比起通过老师的知识传授来获得知识，学习者是在一定的环境中接受老师指导或他人的帮助，并利用必要的学习资料，通过"意义建构"来获得知识的。这里的"意义建构"就是指在获得新信息时，将它与已有经验联系，赋予它意义。所以，学习不是单纯的信息积累，而是在信息与经验的冲突中产生的认知结构的变化和意义的建构。建构主义认为"环境""互动""对话""意义建构"对学习来说具有重要意义。"学习环境"必须有利于学习者对学习内容的理解和意义建构。"互动"贯穿着整个学习过程。"对话"是互动的一种重要手段。"意义建构"是学习的本质。儿童汉语教学之游戏法可以为学习者提供真实的语言环境、轻松的学习环境和使用目的语的机会。学习者通过在游戏过程中的体验，与其他学习者及老师的对话和互动可以提高对语言的理解力和运用力。比如，学习者可以通过某种游戏或游戏的某个环节，更好地理解词语的意思、句子的用法、锻炼听说能力，等等。不仅如此，游戏法的趣味性和自然性使学习者在不知不觉中对汉语学习产生兴趣，在兴趣的作用下，学习者才能持续参与汉语学习，并很有可能发挥出潜在的学习能力。

第三，根据克拉申"第二语言习得理论"中的"习得-学习假说（the acquisition-learning hypothesis）"，第二语言习得中有两个独立的系统，即，"习得系统"和"学习系统"。"习得系统"与儿童习得母语的过程非常相似，是在无意识中形成的。"学习系统"则是通过正式的学习形成的，是有意识地去获取与语言相关的知识。克拉申认为"习得系统"起着更为重要的作用，因为儿童为了本能生存和交流在自然语言环境中习得和运用目的语比有意识地学习语言规则能体现出更明显的效果。如此，利用游戏法为学习者创造语言环境和氛围、提供用目的语进行交流的机会，其实就是将儿童汉语教学中儿童的"学习"转换成"习得"，将"学习"和"习得"统一起来。

第四，根据克拉申的"情感过滤假说"，二语学习者的学习动机、自信和焦虑程度直接关系到语言输入的效果，从而影响第二语言习得。而利用游戏活动或充满游戏精神的内容和方法对儿童进行汉语教学，能够诱发学习者的兴趣，减少学习者的紧张和焦虑，使他们能以兴趣为动力，在轻松愉快的氛围中习得汉语。于此，笔者想到一个例子，笔者曾经在给两名韩国儿童教授《春晓》这首诗的时候，把由《春晓》改编的打油诗"春眠不觉晓，处处蚊子咬,夜来拍手声,不知死多少"背诵给他们听,并结合拟声词和动作把打油诗的意思告诉他们。这两名儿童学习者突然眼前一亮,表现出极大的兴趣,在第二遍打油诗背给他们听时,他们已经记住了,并且开心地拍着手,一遍又一遍地背诵。与古诗《春晓》相比,他们对打油诗更感兴趣,能又快又准确地模仿和记忆。这是因为打油诗充满了游戏精神,更符合儿童的心理特征。

第五,游戏教学法与前文中提到的"全身反应教学法"相对应。全身反应教学法重视身体的感觉,提倡通过身体的运动来习得语言。它认为人类听的能力先于说的能力,所以注重先培养听力以增强理解力,还根据人类左脑掌管理性思维,右脑掌管感性思维而主张在语言教育过程中激发右脑的功能。与"全身反应法"呼应,游戏法将语言学习和感觉、运动紧密结合在一起。游戏过程中,学习者通过听指令,集中培养听力,又通过与其他学习者之间的互动交流培养语言表达能力。此外,游戏中直观的图片、活泼优美的音乐、悦耳的声音和愉悦的感情等都会给学习者的右脑带来强烈的刺激,并与游戏中汉语语言文字给学习者左脑带来的刺激一起,使左右脑相互作用,平衡发展。因此,游戏法不但能优化汉语学习的效果,而且能促进儿童的智力和动作协调能力的发展。

第六,加德纳的"多元智能理论"为儿童汉语教学中的游戏法提供了理论支持。多元智能理论提出了两个核心教育观点:一是以多元化的形式和方法来进行"教"与"学",表现为教授同一种知识时,根据学生的特征,使用不同的方法进行教学;二是为了发展学生的多元化智能进行的多样化教学,表现为通过不同的方法和活动来培养学生的各种能力。根据多元智能理论,形式多样、内容丰富的游戏能够满足不同性格和不同特征的学习者。比如,让空间智能发达的学生参与画画的游戏,让音乐智能发达的学生参与汉语童谣活动,让运动智能发达的学生加入律动游戏,等等。反之,学习者可以通过各种游戏发展和提高各种相应的智能。比如,非常流行的游戏"西蒙说(Simon-Says)",如图9-1和图9-2所示。

图 9-1 亲子互动游戏绘本《西蒙说》（欧芮特·博格曼，2020）

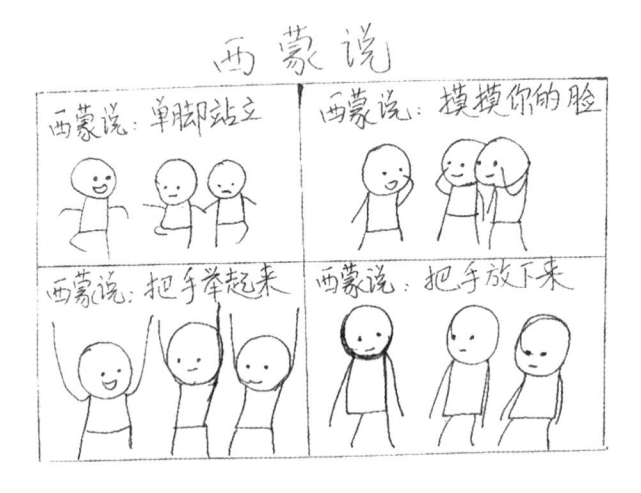

图 9-2 "西蒙说"课堂游戏教学

学习者根据教师的指令和示范来理解意思并做出相应动作。比如通过老师的示范，学生可以知道"单脚站立""摸""举""放下来"的意思。也可以让学生轮流来下指令，其他学习者按照指令做动作。在学习者熟悉了该指令句的情况下，还可以指导学习者用其他词汇来做替换练习，比如"摸摸你的脸"可以换成"摸摸你的头""摸摸你的鼻子""摸摸你的耳朵"，等等。此游戏不仅可以锻炼学习者的听力和理解力，帮助学习者习得词汇和表达，还可以促进学习者的身体运动智能的发展。

二、儿童汉语教学之游戏选取

适用于儿童汉语教学的游戏大致可以分为三类：中国民间儿童游戏、

学习者母语国家的民间儿童游戏、为儿童汉语教学而创造的游戏,笔者称之为教学游戏。

①中国民间儿童游戏。它包含着中国语言与文化,对一代又一代中国儿童的身心发展起促进作用,是多少中国人儿时的记忆。一些民间儿童游戏还伴有口令或童谣,比如,"石头剪子布""丢手绢""跳皮筋""你拍一,我拍一""找朋友""老狼,老狼,几点了"等。韵律整齐、节奏鲜明的游戏童谣易于诵读和记忆,与有趣的游戏形式一起,能使儿童积极、愉悦地参与到活动中去,不知不觉地接近并习得中国语言和文化。

②学习者母语国家的民间流行的儿童游戏。若学习者是韩国人,那么韩国民间流行的儿童游戏也是不错的选择,因为它是韩国人儿时的记忆,是韩国儿童最熟悉的游戏。选取这些游戏,用之于以韩国儿童为对象的汉语教学,主要是借用这些游戏的形式。比如,"三六九""叮叮当当平底锅""词语接龙"等都属于这类游戏。"三六九"游戏可以用于汉语数字教学,只需要把韩语数字的发音换成汉语数字的发音。"叮叮当当平底锅"游戏可以用于汉语名词教学和数字教学,只需要把游戏中的韩语替换为汉语即可,"词语接龙"游戏也可以用于词汇练习,但需要学生具备一定的词汇量。把韩国流行的儿童游戏运用于韩国儿童汉语教学,其实就是在儿童熟悉的形式上更换一下内容,符合克拉申的"i+1"原则,有利于提高效率和优化语言习得的效果。

③教学游戏,它是应儿童汉语教学之需求而产生或改编的游戏。这类游戏的数量比较多,创造或改编这些游戏往往是有明确的教学目标的。上文中出现的"西蒙说"就属于这类游戏。

三、游戏法的运用及意义

游戏法在儿童汉语教学中不仅具有上述的理论依据,还具有易操作性和实际意义。它的意义在语言教学、文字教学和文化教学三方面都有体现。

首先,从汉语语言教学的方面来看,汉语语言教学包含了汉语的语音、语法、词汇教学。笔者将通过三个实例来进行说明。

例1:打响板,如下面(图9-3)所示。

图9-3 游戏打响板

此游戏一般与绕口令、童谣、童诗和韵文的诵读结合使用。如我们所知,汉语绕口令是进行汉语吐字与语音练习的一种非常有效的方式。本就短小精炼,节奏明快的绕口令,配上打响板的游戏,更是有趣。比如以下这些绕口令都可以用于汉语的发音教学和练习。

吃葡萄不吐葡萄皮,不吃葡萄倒吐葡萄皮。

四是四,十是十,十四是十四,四十是四十。

刘奶奶找牛奶奶买牛奶,牛奶奶给刘奶奶拿牛奶。

好娃娃,爱画画,画个瓜,画朵花,画只虎,画匹马,虎踩瓜,马踏花。

树上一只鸟,地上一只猫。地上的猫想咬树上的鸟,树上的鸟想啄猫的毛。

天上一颗星,地下一块冰,屋上一只鹰,墙上一排钉。

大母鸡,小母鸡,母鸡大母鸡;大母鸡,小母鸡,母鸡生母鸡;大母鸡,小母鸡,母鸡花母鸡;大母鸡,小母鸡,母鸡,老母鸡。

黑化肥发灰,灰化肥发黑。黑化肥发黑不发灰,灰化肥发灰不发黑。

先由教师教发音,教字、词的发音和短句的发音,比如,先教学生怎么读"四""是""十""十四""四十",然后带学生朗读短句"四是四""十是十""十四是十四""四十是四十",接着,带学生把绕口令的短句串在一起,读几遍,再进入练习环节。练习过程中,教师带着学生利用响板打出节奏并跟着节奏诵读绕口令。节奏应按照音节和音尺规律来打,比如"四是/四,十是/十,十四/是/十四,四十/是/四十",还可以调整节奏的快慢,由

第九章　游戏教学法

慢到快，由快变慢，或时快时慢，以此来增加练习的乐趣，调动学生的积极性。在没有响板的情况下，也可以用"拍手"代替打响板。

例2："我有……谁有……？"游戏，如图9-4所示。

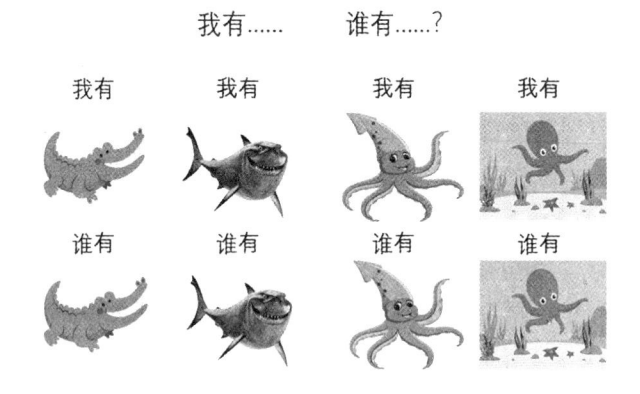

图9-4　游戏"我有……谁有……？"

此游戏适用于名词、人称代词、疑问代词以及"有"字句的教学和练习。教师应根据教学的目标，选择利用这种游戏的形式，设计游戏的内容。比如，如果教学目标是让学生掌握一些鱼类名称，就可以如图9-4一样，把鱼类名称放进卡片。如果教学目标是让学生掌握一些水果名称，就可以把水果名称放进去。如果教学目标是为了使学生掌握"有"字句，那就可如上图所示，通过"我有……谁有……？"和词语替换来帮助学习者熟悉和掌握。如果教学目标是为了使学生掌握表示"存在"意义的"在"字句，就可以把上面的游戏改换成"我在……谁在……？"并把场所名词放入游戏中，如图9-5所示。

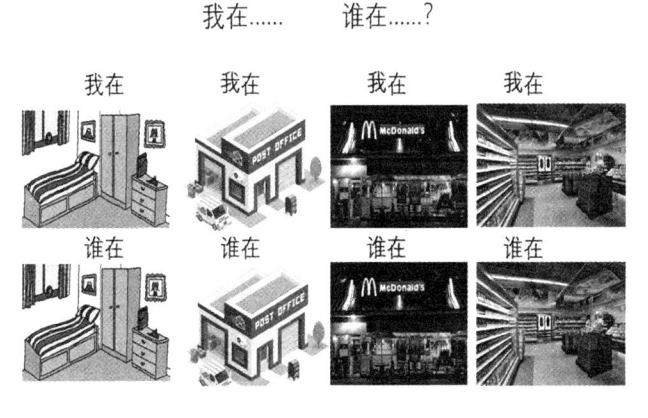

图9-5　游戏"我在……谁在……？"

在图9-4的游戏过程中，先由教师利用Flash卡片进行鱼类名称的教

125

学和练习。然后由教师示范"我有鳄鱼。谁有鳄鱼？"，并让手中持有一样"鳄鱼"卡片的学生举起卡片回答"我有鳄鱼"。再组织学生用"鲨鱼""章鱼""鱿鱼"等鱼类名称的卡片进行替换问答。先由教师问，学生答。练习几遍后，可以改成学生轮流问，其他学生答。此游戏操作简单，但效果却很明显。当学生看到教师亮出的 Flash 卡，听到教师读出的词汇时，就已经把词汇的意思和发音联系起来了；此时再听到教师做示范并说出"我有……谁有……"时，就已经能理解这两个句型表达的意思了。接下来，通过游戏中的反复问答，学生也就锻炼了听力，掌握了发音，记住了词汇，学会了"有"的表达。图 9-5 的游戏过程与图 9-4 相似，只是把闪卡的内容替换为了"家""邮局""麦当劳"和"超市"，把表达"所有"的句型替换为表达"所在位置"的句型。

例 3：掷骰子游戏，如图 9-6、图 9-7 所示。

图 9-6 掷骰子游戏之水果名称

图 9-7 掷骰子游戏之身体部位名称

两个都是掷骰子游戏，图9-6是有关水果名称的，图9-7是有关身体部位名称的。游戏进行前建议将学生分组，游戏通过掷骰子的方式，按顺时针方向前进。可以用纽扣当棋子，棋子跳到哪个位置，就需要学生读出该位置上图片对应的汉语词，读对了得1分，读错或不会读都不加分。游戏最后计算小组得分。可以事先准备一些小奖品，奖励给优胜队。因为大部分儿童学习者对此类游戏比较熟悉，所以该游戏使用起来比较轻松。还可以将内容替换成"国家名称""场所""物品名称""亲属关系""星期""颜色"，等等。也可以在读出相应词汇的基础上，让学习者用图片对应的词汇说简单的句子。比如，"我喜欢西瓜""我要买苹果""摸摸你的头""摸摸你的鼻子"，等等。儿童学习者可以通过这类游戏来学习、练习和记忆词汇和句型。

以上三个实例都能说明游戏法对儿童汉语语言教学有重要意义。而游戏法的意义还不止于此，游戏法还有利于儿童汉字教学，让儿童学习者轻轻松松爱上学汉字。

汉字教学中，无论是教师"教"。还是学生"学"，最重要的是要把握汉字的特征。汉字由四种造字法造成。这四种造字法被称为汉字的"四体"，即象形、指事、会意和形声。其中形声字占现代汉字的80%以上。形声字由两部分组成形旁表意，声旁表音。与拉丁文字、谚文等表音文字不同，汉字是图符文字，是表意文字。以儿童为对象的汉字教学应该从认识汉字的结构，培养汉字思维开始。比如象形文字，象形文字所包含的直观性的图画和具体的形象非常符合儿童的认知特点和儿童的喜好。对刚刚开始接触汉字的儿童学习者，可以从象形文字开始，通过生动有趣的游戏培养他们对汉字的感知和对汉字学习的兴趣。在此，笔者想提一下《三十六个字》，这是一部非常优秀的，对汉字教学起启发作用的作品。《三十六个字》最初是由上海美术电影制片厂制作，于1984年以动画片的形式通过讲解象形文字说明中国文字的起源的故事。编者把三十六个象形文字作为动画里的形象，并把这三十六个形象串联在一起，编成了一个生动有趣、通俗易懂的小故事。形象是活生生的，汉字也是鲜活的，这部作品反映出的教学方法也是灵活的。后来，这部作品被连环画出版社以绘本的形式出版，受到很多孩子和父母的欢迎。以外国儿童为对象的汉字教学也应该在把握汉字特点的同时，充分考虑儿童的认知水平和"游戏精神"。笔者认为以"玩汉字"来"学汉字"可以使儿童学习者在不知不觉中亲近汉字，产生对汉字的兴趣并逐渐养成识字能力。下面介绍几种汉字游戏。

例一：画汉字（图9-8）、找汉字（图9-9）所示。

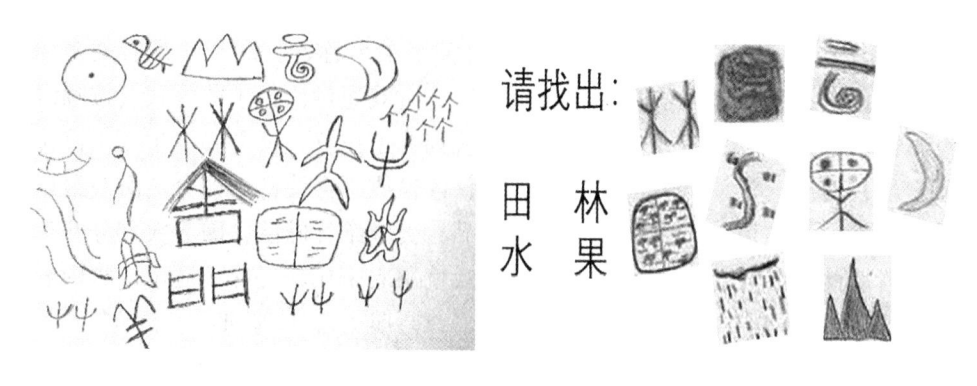

图 9-8　画汉字　　　　　　　　　图 9-9　找汉字

"画汉字"游戏可以让儿童学习者通过亲自绘画，穿越时空，了解汉字的过去，把握汉字的形态。运用时，先由教师给学生看有关汉字形态的实物图或教师亲自画的图，让学生了解与图对应的象形字，同时教授该汉字的发音。然后带着学生一起画汉字。画好后，把图、繁体象形汉字和简体象形汉字对比着展示给学生，再利用动态 PPT 把汉字书写的过程展示给学生者，并让学习者跟着 PPT 尝试着写汉字。最后通过找汉字由教师给出简体字，让学生从多个图中找出与字相对应的图，或由教师给出字形图，让学生从多个字中找出与图相应的简体字的练习，帮助学习者巩固知识和记忆汉字。

例二：汉字拼图（图 9-10）和拼汉字（图 9-11）。

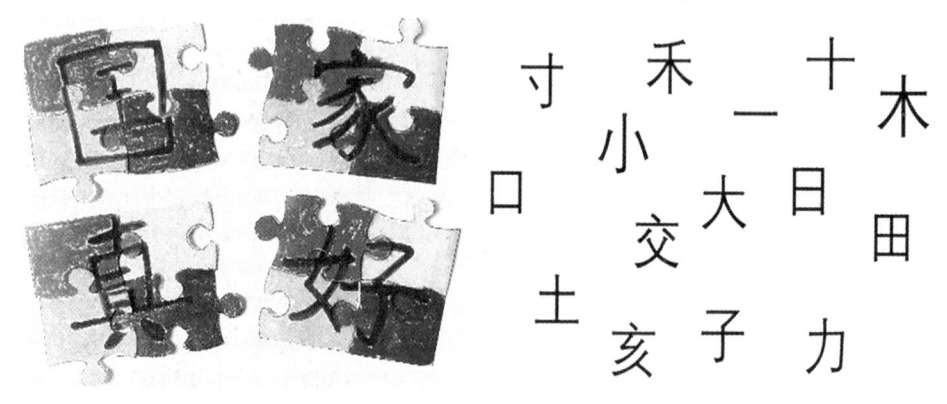

图 9-10　汉字拼图　　　　　　　图 9-11　拼汉字

"汉字拼图"，先由教师教汉字（包括汉字的发音、结构和外形），再让学生通过亲身体验来观察、熟悉和记忆汉字的形状。在这个游戏中儿童学习者的注意力一般高度集中。"拼汉字"则可以帮助儿童学习者了解汉字的部件和结构，培养他们对"活字"的感知能力。如图 9-11 所示，部件与部件的组合形成了汉字，同一部件和其他不同部件按照同一种结构或不同结构都可以产生不同的汉字。比如，"子+亥=孩""木+亥=核""亥+力=劾""口+亥=咳""子+小=孙""小+大=尖""大+田=奋""大+一=天""一+十=土""一+土=王""一+口=日""一+日=目""木+寸=村""木+交=校""口+交=咬""口+十=叶""口+木=杏""口+力=加""田+力=男""口+寸=时""日+寸=时""禾+口=和""禾+日=香"。

例三：汉字树，如图 9-12 所示。

图 9-12　汉字树

例四：汉字垂钓，如图 9-13 所示。

图 9-13　汉字垂钓

例五：采蘑菇，如图 9-14 所示。

图 9-14 采蘑菇

"汉字树""汉字垂钓"和"采蘑菇"这类游戏好似汉字的"族谱"，是用来帮助儿童学习者认识和理解汉字部首及汉字构造的。"汉字树"游戏要求学习者从多个苹果模样的汉字卡片中选出带有"木"的汉字卡片贴到苹果树上。"汉字垂钓"游戏要求学习者将与水相关的，带有"氵"的汉字钓起来放在桶里。这个教具制作的时候可以在鱼竿前端或纸板的后面安置磁铁。"采蘑菇"游戏要求学习者把与草有关的，带有"艹"的汉字装进篮子里。汉字教学时，可以安排学生先进行汉字游戏，找出属于"族谱"里的目标汉字，再结合 Flash 卡或 PPT 图片帮助学生把握字义。还可以根据具体的学情和学习目标，考虑用汉字组简单的词语，即进行由字到词的衔接式教学。比如，林—树林，桃—桃子，梨—梨子，梅—梅子，池—池塘，海—大海，河—小河，江—长江，湖—湖水，并利用 Flash 卡或 PPT 图片帮助学生理解词义。

以上六种汉字教学游戏都是笔者在教授儿童汉字时常用的。游戏教学法适用于儿童汉字教学，有趣又有效。除了语言教学与汉字教学外，游戏法对中国文化教学也有重要意义。这可以从两方面来看：一方面是通过一些活动让学生体验中国文化，在文化体验过程中自然地接触和运用语言，比如中国民俗节日体验、中国饮食文化体验、皮影戏观览、脸谱涂色、剪纸等活动；另一方面是利用中国民间的儿童游戏进行语言-文化教学，如前文所述，民间儿童游戏中包含的童谣本身就是中国语言-文化的宝贵资料。

四、游戏法于儿童汉语教学的功能

笔者认为游戏法在儿童汉语教学中具有三大功能。第一，以游戏法进行语言与文化教育。即游戏法贯穿整个课堂，游戏里包含了所有教学的内容，通过游戏来学习汉语及相关文化。比如上面"苹果树"和"汉字垂钓"游戏和下面所示的"丢手绢"（图9-15）、"跳皮筋"（图9-16）、"你拍一，我拍一"（如图9-17）游戏都是游戏法之于儿童汉语教学之语言 - 文化"教育"功能的体现。利用前两个游戏可以向学习者同时教授汉字文化、汉字的发音和汉语词，后三个游戏可以向学习者同时教授中国民间游戏、韵语文化[1]，团结友爱的精神以及游戏童谣里包含的词、句和文化元素。节奏鲜明活泼的童谣和有趣的游戏形式相结合，儿童学习者在这种游戏法的汉语教学中体验中国语言和文化的乐趣，在不知不觉中形成语言 - 文化能力。第二，以游戏法做练习，即通过做游戏来复习、运用已学的知识并加强记忆。前面介绍的游戏都可以用于语言的练习和复习。第三，以游戏法进行测试和评价。如我们所知，测试是语言教学的重要组成部分。它的主要目的是检验学生语言的学习情况和教师的教学效果。但是，对儿童，尤其是学龄前儿童以笔试的方式进行测试和评估是非常有难度的。利用游戏法则可以解决这个问题。组织儿童学习者参与包含所学知识的游戏，通过观察游戏过程中儿童学习者的反应、行动、表现和游戏任务的完成度来了解学习者对学习内容的掌握程度，以此判断教学目标是否顺利达成。比如，利用Flash卡片进行词汇测试。给学生看卡片，让学生说出与卡片上的图对应的词，或由教师报词语，让学生找出相应的卡片或做出与词相应的动作。再比如，在成语测试

---

[1] "丢手绢""跳皮筋""你拍一，我拍一"游戏都有游戏歌。《丢手绢歌》：丢手绢，丢手绢，轻轻地放在小朋友的后边，大家不要告诉他。快点儿快点儿抓住他，快点儿快点儿抓住他。《跳皮筋童谣》：小皮球，香蕉球，马莲开花二十一。二五六，二五七，二八二九三十一。三五六，三五七，三八三九四十一。四五六，四五七，四八四九五十一。五五六，五五七，五八五九六十一。六五六，六五七，六八六九七十一。七五六，七五七，七八七九八十一。八五六，八五七，八八八九九十一。九五六，九五七，九八九九一百一。《你拍一，我拍一》童谣：你拍一，我拍一，一个小孩坐飞机；你拍二，我拍二，两个小孩梳小辫；你拍三，我拍三，三个小孩吃饼干；你拍四，我拍四，四个小孩写大字；你拍五，我拍五，五个小孩来跳舞；你拍六，我拍六，六个小孩吃石榴；你拍七，我拍七，七个小孩做游戏；你拍八，我拍八，八个小孩吹喇叭；你拍九，我拍九，九个小孩拍皮球；你拍十，我拍十，十个小孩来剪纸。

中，可以让学生看图说出已学过的成语，如图9-18和图9-19所示。还可以将事先准备好的汉字卡分发给学习者，然后给学生看有关成语故事的图片或给学生复述成语故事，让学生根据看到的或听到的联想学过的成语并将汉字卡片按正确顺序排序，如图9-20或从多张卡片中选出正确的汉字卡片来作答，如图9-21所示。

图9-15　丢手绢游戏　　　　图9-16　跳皮筋游戏

图9-17　"你拍一，我拍一"游戏

图9-18　守株待兔　　　　图9-19　盲人摸象

图9-20　成语汉字卡片排序游戏之"狐假虎威"

图 9-21　成语汉字卡片填空游戏之"井底之蛙"

五、儿童汉语游戏教学法的原则

儿童汉语游戏教学法必须遵守几个原则。第一，游戏法的使用必须是有目的的，即先要确定游戏法的使用是为了进行教学、练习和复习，还是为了测试和评估，然后要确定具体的目标和内容。游戏不是以"玩"为目的的，"玩"只是学习的一种方式，如果没有目标地做游戏，那就是"本末倒置"了。第二，游戏法必须注重活动的趣味性。若要使儿童学习者对学习产生兴趣，就最好以有趣的内容和灵活的方式吸引学习者积极地参与学习，让他们在无意识中进行较为自然的习得。第三，游戏法必须注重实用性。这里说的"实用性"包括了四个标准：①游戏的内容和形式都必须符合儿童学习者的年龄特征以及他们的汉语水平。②游戏必须有利于儿童学习者的语言习得、文化习得以及交流能力的形成和提升。③游戏必须在实际课堂上具有可操作性。④游戏必须分阶段。学习总是遵循由简入繁的规律，语言学习也不例外。在运用游戏法进行儿童汉语教学时，也要注意选择合适的游戏形式和内容，并按阶段递进，旨在对儿童学习者进行有效"输入"。因为与学习者的年龄特点、认知水平以及汉语水平比较，游戏过于简单或过于复杂都有可能使学习者失去兴趣和好奇心。根据克拉申的"i+1"理论，"i"是学习者的现有知识水平，"1"是比现有水平高一台阶的知识。学习者可以接受比自身已掌握的知识略难一些的知识。所以利用游戏进行儿童汉语教学也要关注学习者的认知水平和语言能力，做到因材施教，帮助学生建立自信，培养对汉语学习的兴趣。

第十章

经传教学法

第十章 经传教学法

《史记》·《太史公自序》引司马谈《论六家要旨》说儒家得失云："夫儒者以六艺为法，六艺经传以千万数。"《博物志》有云："圣人制作曰经，贤人著述曰传。"《现代汉语词典》解释"经传"原指经典和古人解释经文的传，泛指比较重要的古书。一般来说"经"是指"六经"，包括《诗经》《书经》《礼记》《乐经》《易经》《春秋》。清代的《四库全书》把《孝经》《五经正义》《四书》《小学十类》纳入了"经"部。到了现代社会，读经的"经"，从广义来看，可以包含三类。第一类是儒家经传和小学。第二类是指能反映特定民族或集体的主流价值观的文化著作，即各领域的中国古典著作。第三类是指人文社会或自然科学领域的古典著作。但一般情况下，"经"主要包括"六经"和"四书"。很多人认为，"经传"对成人来说都有难度，经传法果真适用于儿童汉语教学吗？在回答这个问题前，笔者想先介绍一下读经的发展和方法，然后探讨儿童读经的可能性和意义。

"读经"的"读"字是"诵读"的意思。"读经"从清末开始发展，是当时学堂的教学科目之一。到 20 世纪 90 年代中叶以后，读经热再次从中国香港、澳门、台湾等地区兴起，并迅速蔓延到中国内地。主要事件有 1990 年南怀瑾设立"香港国际文教基金会（ICI）"，ICI 一直负责举办"儿童中西文化导读活动"。1994 年王财贵在中国台湾提倡"儿童读经"教育，并启动"儿童经典诵读工程"。1995 年赵朴初、叶至善、冰心、曹禺、启功、张志公、夏衍、陈荒煤、吴冷西在中国内地紧急呼吁"建立幼年古典学校"。两年后，"中华文化研习中心"——中国内地的第一所读经振兴院在厦门成立。1998 年，"中华古诗文诵读工程"正式启动。

上面提到的"儿童读经"是指在儿童期阅读古代经传，读经的主体是儿童。读经从成人的立场来看也可能是一件非常难的事情，但是对儿童来说，在他们判断难易与否之前，经传只不过是一种"用来读的材料"。他们可以在轻松愉快的氛围中有趣地诵读经书而不用立即去深入理解其中的意思。通过反复地读经，儿童的注意力和记忆力会有所提高，而注意力和记忆力又是所有学习的基础，所以读经还有利于开发儿童的潜在能力。

李德成在他的《阅读词典》中提到了"四诵"是"朗诵""吟诵""背诵""默诵"等四种诵读方式的合称"朗诵"指运用富有感情色彩的有声语言转换作品的文字语言的阅读方法，以朗读作为基础。朗读重在解义，朗诵是以声传情。"吟诵"是一种用唱歌似的音调来诵读作品，从而感受作品的思想内容和韵味情调的阅读方法。吟诵有两种方式：一种是按照一定的曲调去唱，另一种诵读成分较多，曲调感不强，但朗朗上口，连贯流畅。"背诵"是指用反复诵读的方式达到准确记忆文字材料的一种阅读方法。默诵则是指不出声地读和背诵。"默诵"指在心里默默记诵，是"背诵"的特殊类型，默诵比背诵费时少。而"诵读"则是指在念诵的同时大脑积极思考，边看边读边思的一种阅读方法。其特点是"心而诵，心而惟"，眼、口、耳三种器官同时活动，使文字通过视觉进入大脑，转换为声音，再通过听觉进入大脑，让文字符号和相应的言语同时刺激大脑细胞，留下深刻的印象。诵读一般以词组或句子为阅读单位。（李德成，1988）清代李毓秀在其《弟子规》中也提出"读书法，有三到，心眼口，信皆要"。（李毓秀、童著，2015）这是要求学习者在读书时，发挥"眼""口""心"的作用来诵读。此"三位一体"的读书法实际上与汉字的形、音、义相结合的特征是一致的。

参考医学博士林助雄[①]从生理医学层面对儿童读经的研究结果可知儿童读经的方式，不求甚解，只是背，表面上看来还是左脑的训练而已，然而，就因为在背经的过程中，儿童完全松懈且感到有趣，使脑波从 β 波转换至 α 波。换而言之，儿童在读经和背经的过程中获得疏解身心压力的机会，并能在处于 α 波的大脑与潜意识互相作用的过程中加强注意力、判断力、记忆力和创造力。如我们所知，人类的大脑由左脑和右脑组成。右脑与直觉、音乐、图像、艺术等相关联，左脑与逻辑、语言、分析等相关联。右脑有无限的潜在能力，其潜在能力甚至是左脑的 100 万倍。但是，依据日本教育专家七田真的著作《右脑革命》可知，右脑的开发时期集中在 6 岁之前，6 岁之后人们通常以左脑运动为主。0～6 岁儿童的右脑功能开发对他们的智能发展有重大的影响。（七田真，2005）儿童在读经过程中，眼睛看汉字，因汉字的形态又似图画，所以通过视觉作用刺激右脑。同时，动口诵读，因古代经传一般讲究抑扬顿挫和押韵，所以经传的诵读好似念唱，能启发并作用于右脑。而边诵读，边整理辨字并记忆经传内容，这则是左脑的作用。如此，整个读经的过程可以被视作左右脑共同运作，左右脑功能相互协调的过程。相关研究表明，左右脑同时作用的情况下，学习的能力可增加 2～5 倍。左右脑的平衡又能促进儿童智能全面的发展。因此，通过读经，在不知不觉中强化学习能力，这是儿童读经最大的意义。不仅如此，持续地、反复地读经能帮助儿童学习者领悟汉字的意思和汉文的体系，并以中华民族的智慧精华来丰富思想，陶冶性情和自律言行。这是读经之于儿童教育的又一重大意义。那么读经与儿童汉语语言文化教育有何关系呢？

---

① 林助雄，台中市中港诊所的医生，曾在德国获得医学博士学位。

第十章 经传教学法

流传至今的经传都是包含有中国语言、文化、思想等丰富知识的古典作品，都经历了长久岁月并得到了人们认可。因此，读经本身就是在接触语言精华、中华文化的精髓和中国人的深层思维。从内容上来看，大部分的经传还是有难度的。但是，也有一些经传是以简洁的形式和易懂的内容构成的，比如被用作中国传统幼儿启蒙教材的"蒙学书"和以语录体编写的《论语》。实际上，儿童汉语学习者在通过经传法学习时，能理解经传的内容当然是好，但通过整个有趣的读经过程，使学习者在无意识中以一种自然的方式走近中国语言和文化，也是经传教学法的魅力所在。笔者认为经传法有利于儿童学习者在汉语发音、词汇、语法和汉字方面的学习以及对文化感悟。

先从经传与儿童汉字教学的关系来看。比起成人学习者，儿童学习者更有必要学习汉字。日本汉字教育倡导人石井勋曾指出学习汉字对儿童智能的开发有很大帮助。（石井勋，2002）他以满6岁的日本儿童为对象进行了IQ测试。先对从未学过汉字的6岁儿童进行智商测试，发现他们的平均智商大约是100。再对学过汉字的6岁儿童进行同样的测试，发现他们的智商都在110～130之间。（汪冬梅，2012）这一测试结果与上文阐述的由于汉字是形、音、义的结合体，汉字的学习共同作用于人的左脑和右脑，从而促进大脑的发育和智能的平衡发展是相对应的。不仅如此，中国汉字中象形文字的数量最多，象形文字又与儿童的形象思维和认知特点相符合，因此儿童汉语学习者是可以学习汉字的，汉字学习也有利于他们的智能和认知的发展。中国传统蒙学书"三百千"（《三字经》《百家姓》《千字文》）就是用汉字中的常用字汇编的具有科学性的识字教材。它可以让儿童汉语学习者通过集中识字的方式来学习汉字。汉字是汉语的载体和汉文的基础，儿童汉语学习者若能通过日积月累的学习掌握一定数量的汉字，对他们的词汇习得也会大有帮助。同时，通过在读经过程中反复地诵读字、词、句，既可以锻炼汉语发音和也可以增强对汉语语感的敏锐性，因此，学习汉字也是在为汉语学习奠定更扎实更长远的基础。

再从语法上观察，可以发现古典经传很好地展现出汉语的"意合"特征。汉字是表意文字，是语素文字。汉语是"意合"[①]语言，汉语的成句重视"意合"。仔细观察就会发现汉语句子相对来说比较松散，大部分短句由词构成，长句由短语构成，词与词，短语与短语之间经常靠意思连接。这种现

---

① "意合（parataxis）"是指不借用语言形式或形态，通过意义、逻辑或语序将各层次（词、短语、句子、语段甚至篇章）或各层次之间的语言要素的意思自然地连接起来。

象在古典经传中常有体现。比如,《三字经》中有云"玉不琢,不成器;人不学,不知义",这句话中"玉不琢,不成器"是因果关系,"人不学,不知义"也是因果关系,但它们都没有任何语法形式或用任何带有语法功能的词语来连接,而是很自然地在意思上连接起来了。这种语言特征在现代汉语中也是屡见不鲜的。比如,北京大学中文系教授徐通锵将汉语的这种"意合"特征称为"语义句法"。语义句法是汉语句子的生成法。汉语从一个字到一个表达完整意思的句子要经历"字""辞""块""读""句"等阶段。每当从一个阶段过渡到下一个阶段时,就会有一个语法规则出现。西方语言学家罗吉·福勒（Roger Fowler）把汉语描述成流水型环性的语言:"犹如海浪向前推进,浪峰浪谷似分似和,彼此相像,又各不相同;隐含着某些规律,但却过于复杂,难以分析或表述;这些规律规范着波浪与波浪、波浪与大海、词组与词组、词组与语段之间的各种关系。"(连淑能,1993)古典经传里有大量像这样没有逻辑的关联词,但靠意思相互连接的句子。汉语学习者在反复诵读经传的过程中可以了解到汉语的意合特征并接近汉语里所包含的中国人的思维方式。更进一步,通过了解中国的文化和中国人的思维方式,学习者可以逐渐理解中国的语言和语言 - 文化的关系,以及理解中国人的行为。

综合以上有关经传与汉语语音、词汇、语法,汉字和文化的关系,可以确定经传法对实现中国语言与文化通合教学具有重要意义。下面就以韩国儿童为对象的汉语教学为例,来谈谈儿童汉语教学中经传的选择和经传教学法的运用。笔者根据中、韩历史文化联系及韩国汉字与汉文的学习情况,提出了三部可供韩国儿童汉语教学使用的经传,即《三字经》《千字文》和《论语》并围绕这三部经传展开说明。

第一节　关于《三字经》的教学

一、《三字经》的传播和影响

《三字经》与《百家姓》《千字文》一起被称为"三百千",是中国传统的蒙学书之一。《三字经》作为中华民族珍贵的文化遗产,曾于很早之前就传到了其他国家并顺着历史长河流传下来。1990年被联合国教科文组织选入"儿童道德教育丛书",成为全人类共同的文化遗产。在中国国内由于"国学热"和"读经热"的兴起,作为传统文化教材的《三字经》受到广泛欢迎。

现在中国发行的《三字经》达到 300 多种，它早已成为一部中国人的必读书。不仅如此，《三字经》很早就被传播到了海外并对外国汉语学习者产生了影响。

据相关研究显示，《三字经》从明朝开始已经被翻译并传播到了西方世界。第一部译本是拉丁语译本，译者是意大利学者兼传教士 Michele Ruggieri。他于 1579 年到达澳门，于 1981 年完成了《三字经》的翻译。此后，拉丁文译本在欧洲流传，成了欧洲贵族们学习东方文化的珍贵书籍。200 年后，从 1727 年开始，来中国学习儒家文化的俄国学者们都是先学习和研究《三字经》。将它翻译成了俄语。此后，《三字经》对俄国的文学、历史和文化产生了巨大影响，还被赋予"12 世纪百科全书"的美名。进入 19 世纪后，来中国的传教士越来越多。他们对汉语和中国文化有着浓厚的兴趣，并翻译了很多中国古典著作。《三字经》的英文译本便诞生于这个时期。英国传教士 Robert Morrison 的译本 *The Three-Character Classic*，美国传教士 Elijah Coleman Bridgman 的译本 *Santsze King* 或 *Trimetrical Classic*，和德裔英国人 Ernst Johann Eitel 的译本 *The Tri-metrical Classic* 比较具有代表性。进入 20 世纪，英国汉学家 Herbert Allen Giles 的译本 *San Tsu Ching: Elementary Chinese* 最具影响力。正如书名中的 "Elementary Chinese" 所示，《三字经》在当时被西方人看作汉语入门教材。William Milne 曾在 1821 年 9 月 4 日的日记中记录了将《三字经》用作教材，教 8 岁女儿汉语的经历。进入 21 世纪的今天，《三字经》依然起着传播中国语言与文化的作用。2017 年 4 月 7 日的 CNN 新闻报道当时任美国总统的唐纳德·特朗普在招待正在访美的中国主席习近平及夫人时，让其外孙女 Arabella 唱了一首中国民间童谣《茉莉花》并让她背诵了唐诗和《三字经》。由此，可以看出外国人对中国语言和文化的关心，也可以看出《三字经》在包括儿童汉语言文化教学在内的汉语言文化教学中的地位。

《三字经》不仅在传播语言和文化方面有突出贡献，其行文的形式对西方作品也产生过影响。1687 年出版的 *The New England Primer* 是为当时生活在殖民地美国的儿童编写的启蒙教材。此书的行文形式与《三字经》的形式非常相似。三字或四字为一句，以两句表达出一个意思，而且还讲究押韵。有学者从 16 世纪《三字经》已经传入西方这一事实来推测，17 世纪诞生的这部 *The New England Primer* 很有可能在形式上接受了《三字经》的影响。即使这部英文教材没有直接借鉴《三字经》的形式，从其三字或四字一句的特点可推定，不论在东方还是西方，"三字句"或"三词句"符合儿童的认知和记忆特点，有利于语言的启蒙和学习。到19世纪初，西方传教士为了传教，用中文编写了基督教《三字经》，其中W.H.Medhurst编写的《三字经》和Sophie Martin编写的《训女三字经》最具代表性，都是借用中国古典《三字经》的形式，以基督教教义为内容编写而成的。通过以上内容可以得知：①《三字经》曾被用作中国语言文化教材。②《三字经》从古到今都有被用于儿童汉语言文化教学的实例。③《三字经》的形式曾被多种教材借用，这种形式应该适用于教学。

在同属汉字文化圈的日本和韩国，《三字经》流传已久，其影响深远。《三字经》与其相关注释本早在17世纪初的江户时代就已传入日本。1692年出版的《广益书籍目录大全》就已经把《三字经》和陈翰[①]编撰的《三字经注解》收入在内了。日本教育史专家乙竹岩造通过调查和研究结果指出从江户时代到明治初期，《三字经》曾是日本的书院好用的儿童启蒙教材。不仅如此，江户时代末期和明治初期还出现了20余种模仿《三字经》而编撰成的其他经传。与日本相似，《三字经》在韩国的传播始于中国的明末清初时期。《三字经》(京城弘文阁梓行)、《新刊三字经》《增注三字经》和陈翰《三字经注解》等保留至今。(钱茂伟，2009)现在的韩国书店也可以很轻松地买到作为汉语或汉文教材的《三字经》译本和注解本，比如《三字经》《三字经注解》《三字经：儿童启蒙必读书》和《三字经学汉语》等。

二、《三字经》于韩国儿童汉语教学的意义

(一) 语言教学方面

首先，《三字经》最引人注目的是它三字成一句的形式特征。正如我们所知，受《诗经》的影响，四字成一句的四言体形式曾被应用于古代诗歌及其他古代文学作品中。蒙学教材中的《百家姓》和《千字文》都是四言体。三言体，虽在先秦时期就已经出现，但《三字经》是最初使用三言体形式的蒙学书，比较具有代表性。由四字变为三字，更方便儿童朗诵和记忆。其次，在三字一句的基础上，《三字经》还有四句一意的结构特征。观察《三字经》中句与句之间的联系，就可以发现，除了20个句子以外，其他所有句子都遵循四句一意的规律。不仅如此，每四句中的第二和第四句还押脚韵。以下面的句子为例：

---

① 陈翰，字迅成，福建省福安县人。

第十章 经传教学法

"人之初,性本善。

性相近,习相远。

……

昔孟母,择邻处。

子不学,断机杼。

……

窦燕山,有义方。

教五子,名俱扬。

……

玉不琢,不成器。

人不学,不知义。

……

一而十,十而百。

百而千,千而万。

……

三才者,天地人。

三光者,日月星……"

这些句子都是每四句为一组,传达一个意思而且韵律整齐。"人之初,性本善。性相近,习相远"中"善"与"远"押韵;"昔孟母,择邻处。子不学,断机杼。"中"处"与"杼"押韵;"窦燕山,有义方。教五子,名俱扬。"中"方"与"扬"押韵。"玉不琢,不成器。人不学,不知义","一而十,十而百。百而千,千而万","三才者,天地人。三光者,日月星"为对偶句,前句与后句构造相同,意义关联。

这些形式特征非常有利于儿童汉语语言学习。其原因有四:第一,整齐的三言体和明快的脚韵带给读者清爽、和谐、悦耳的视听感。心理学家研究发现儿童天生对声音,特别是对音乐敏感。韵律节奏与人类心脏的搏动相连,能使人心情愉悦。加上韵律节奏对记忆的积极作用,可知《三字经》的形式特征能让儿童学习者轻松自然地进入学习状态,在诵读《三字经》的过程中体验语言的韵律美,并锻炼发音和语感,提高听说能力和记忆能力。第二,三言体符合学龄前儿童的语言发展特征。处于儿童前期,大约 3～4 岁的孩子，其语言特点表现为能用两个或两个以上的词组句（被称为"电报句"）。观察一下就可以发现，这一阶段的儿童常常说三字句，比如，"妈妈水""爸爸抱""姐姐要""爷爷买""奶奶笑"，等等。因此，通篇三言体的《三字经》应该是比较容易被儿童学习者接受的。利用同一原理，韩国黄雨伞出版社以三词一句的形式编写了一套儿童汉语教材。这部教材不仅汇集了日常生活用语，比如，"快起床""洗完了""谢谢您""我爱您"，等等，还编写了三字儿歌，比如，"跟妈妈，去散步，手拉手，一起走，花儿香，鸟儿叫，天气好，心情好"，再比如，"当医生，当病人，流鼻涕，发烧了。感冒了，开点药，多喝水，休息吧"。内容丰富、趣味性强，使用起来效果非常好。第三，三字一句，四句一意，句与句之间是紧密关联的，根据前面提到的记忆组块原理，4～6 个汉字可以看作一个记忆组块，那么《三字经》的每 2 句就相当于一个记忆组块，每 4 句就是 2 个记忆组块。2 个记忆组块之间意思关联，又可被捆绑在一起，如此就扩大了短期记忆的容量，有利于记忆。第四，从三字一句的内部结构来看，《三字经》包含了"主谓宾""主谓""谓宾"等结构。比如，"蚕吐丝""蜂酿蜜""犬守夜""鸡司晨"就是"主谓宾"结构；"君臣义""父子亲""夫妇顺"就是"主谓"结构；"寓褒贬""别善恶""撮其要"就是"谓宾"结构。儿童学习者在反复诵读和记诵的过程中，其实也在无意识地习得这些句子结构。其效用即使不能立刻显现出来，但对学习者语言能力的提高和语感的培养一定是有帮助的。

（二）文化教学方面

《三字经》根据不同的版本会在字数和内容上略有差异。现存版本有宋末元初 1068 字本，明代 1092 字本，明末 1122 字本，清初 1140 字本和 1170 字本，民国初期章太炎《重订三字经》1596 字本。其中宋末元初 1068 字本最为广泛使用。此版本由 356 句，1068 字构成，若除去重复的字，只包含 511 字。但是，这 511 字中却包含了丰富的内容和思想文化。从内容上看，《三字经》可分为六大部分：从"人之初，性本善"到"人不学，不知义"是在谈教与学的重要性；从"为人子，方少时"到"知某数，识某文"是在说明基本的伦理道德；从"一而十，十而百"到"此十义，人所同"是有关生活常识的；从"凡训蒙，须讲究"到"文中子，及老庄"是在介绍中国的古典经传和读书体系；从"经子通，读诸史"到"通古今，若亲目"是在叙述历代王朝和历史；从"口而诵，心而维"到"戒之哉，宜勉力"是在劝学。

现在"跨文化交际"越来越受到关注,对于母语非汉语的人来说想要与中国人进行顺畅的交流,就必须真正理解中国人的语言和行为,要理解中国人的语言和行为,就必须先了解中国人的思想和文化。然而"文化"不是独立的或断裂的,而是有关联性的、整体性的,文化是在悠悠岁月里,逐渐积累、形成和流传下来的。经传教学法的一大意义就在于它能使儿童学习者在诵读经传时不知不觉地走近中国优秀传统文化并从中感受中国人的精神品质,感知中国人的思维方式,而不是停留在文化现象的教学。根据上述《三字经》的内容,我们便可以知晓。不仅如此,《三字经》还可以被视为一本儒家经典著作。在韩国,儒家被称作"儒教",人们把它置于宗教的高度。韩国人从小就接受儒教伦理道德教育并在浓郁的儒教文化环境中接受儒教文化的熏陶。比起西方国家的儿童汉语学习者来说,韩国儿童汉语学习者更容易理解和接受《三字经》里的故事及思想。这种来源于文化亲近性的熟悉感可以激发儿童学习者的学习兴趣,提高学习的效率,强化学习的效果。

(三) 汉字教学方面

前面有提到,韩语词汇中有近70%是汉字词。由于韩字是表音文字,所以大部分的韩国地名和韩国人的名字也是通过汉字来进行区分的。虽然20世纪中叶以后,"韩字专用"与"国汉文混用"在韩国争论不休,但汉字词在韩语中的重要性已是不变的事实。当然韩语中的汉字词与汉语词汇相比,也存在一些差异,韩国使用的繁体字与中国现在使用的简体字也存在一些差异,但它们并不是两种完全不同的文字。曾有研究者对"韩国学生汉字偏误语料库"收入的150万个语言资料进行了统计与分析,结果显示因繁体字和简体字差异而引起的偏误仅有48个。(全香兰、毛嘉宾,2015)由此可知,对于韩国儿童汉语学习者来说,汉字学习既有必要性也有便利性。而《三字经》曾作为识字教材的事实,在朝鲜后期哲学家洪大容《湛轩书·与孙蓉洲书》中也有提及"小儿入学,先教认字。如三字经,三字为一句。皆明伦教学经史之类"。时到今日,《三字经》仍然具有汉字教育的价值,而且适用于韩国儿童汉语与汉字教学,其理由有四。第一,《三字经》收入的1068个汉字中,955字属常用汉字,占比约89.4%,非常用汉字113字,仅占10.6%。有利于对日常汉字的学习和积累。第二,《三字经》中的853字[①]

[①] 853字中有重复使用的汉字。

属于中、日、韩三国通用汉字①（808 공용한자 편찬위원회，2015）（김호기，2014）显示 808 字中有 395 字出现在《三字经》中，换而言之，《三字经》里包含有 49% 的中、日、韩通用汉字。因此，通过学习《三字经》可以掌握近一半的通用汉字，这不但可以帮助韩国儿童学习者认识"汉字文化圈"，而且对东亚三国的文化交流有深远意义。第三，前面提到《三字经》是由意思相连的记忆组块构成的，不仅如此，据统计平均每个字大约出现 2.09 次，这种字的反复和意义的连接有利于学习者记忆，赋予它集中识字的功能。第四，汉字是形、音、义的结合体，它由过去一字记录一词发展到一字记录一个语素，一般被认为是语素文字。作为语素文字的汉字，可以通过与其他汉字结合的方式构词。以汉字的这一特点为基础，在学习过程中，可以由习字扩大到习词。因此，汉字的习得还有利于词汇的习得，从而促进学习者对汉语语言的习得。根据笔者多年的教学观察，学生掌握的汉字量会影响他们语言学习的效率，尤其是表现在词汇学习方面。比如，韩国的汉语学习者比起其他非汉字文化圈国家的汉语学习者来说，比较占优势，因为韩语中有大量的汉字词。而在韩国的汉语学习者中，那些曾经学过汉字的学习者又占明显的优势，因为他们能通过汉字的字形和发音迅速地反映出字和相关词汇的意思，同时联想到与之对应的韩语里的汉字词，在听了老师的讲解后，他们能更快、更准确地理解和记住汉语词汇。

三、《三字经》教学法的运用

如何运用《三字经》教学法进行教学呢？首先应根据儿童学习者的特征和水平来确定教学目标，再根据教学目标和学情来进行具体运用。本书的研究对象为 3～12 岁的母语非汉语的儿童学习者，其中 6～12 岁的儿童为学龄期儿童，已经进入了识字阶段，所以对于学龄期儿童而言，经传教学法是合适的。而学龄期儿童又可分为低年级（1～3 年级）和高年级（4～6 年级）儿童。这两个阶段的儿童在生理、心理、语言水平和认知水平等方面都有明显的区别。因此笔者根据两阶段教学对象的特征设定了教学目标和具体运用方案。如表 10-1 所示。

---

① 由中国新华社、韩国中央日报社和日本经济新闻社共同举办的"中、日、韩 30 人会"于 2010 年提出了制定通用汉字的必要性。2012 年公布了"中、日、韩通用 500 字"，2013 年通用汉字由 500 字增加到 800 字，同年，经中国人民大学主办的实务研究会讨论后最终规定中、日、韩通用汉字为 808 个。

第十章 经传教学法

表 10-1 学龄期儿童之《三字经》教学的阶段性目标及具体方法

	各阶段教学目标	具体方法
低年级儿童	1. 利用《三字经》练习汉语发音和语感 2. 能流畅地跟读和记诵 3. 通过《三字经》里的故事或与之相关日常生活中的故事培养学习兴趣 4. 汉字习得，认读为主	1. 一次课教 4 句 2. 反复诵读和记诵 3. 跟着视听材料吟唱和律动 4. 结合图或视频讲故事 5. 联想日常生活 6. 玩游戏，学汉字 7. 由字到词的扩张学习
高年级儿童	1. 练习汉语发音并学习汉语词汇 2. 能流畅地跟读和记诵 3. 通过《三字经》里的故事或联系日常生活中的故事帮助学生理解内容大意并培养学习兴趣 4. 汉字习得，能认读或读写	

以 6～9 岁的低年级儿童为对象的《三字经》教学的目标包括：通过《三字经》锻炼发音和语感，通过《三字经》里的故事或联系日常生活中的事情培养学习兴趣，使学习者能够流畅地跟读和记诵所学内容，并能够熟悉和认读汉字。与低年级儿童相比，8～12 岁的高年级儿童在注意力、理解力和记忆力等方面更占优势。因此，以其为对象的《三字经》教学的目标包括：通过《三字经》锻炼发音和语感以及学习相关汉语词汇，通过《三字经》里的故事或联系日常生活中的事情理解内容大意，培养学习兴趣，使学习者能流畅地跟读和记诵所学内容，并能认读或读写汉字。表 10-1 将《三字经》教学法的具体运用归纳为 7 点，下面我们来逐一说明。

第一，一般情况下一次课教四句。比如，"人之初，性本善。性相近，习相远"一共四句。四句 12 字构成一个完整的意思，其中每两句 6 字也有意思。根据学情，如果低年级儿童接受不了，也可以先一次教两句 6 个字，以后慢慢增加为一次四句 12 字。

第二，反复诵读和记诵。中国人说"书读百遍，其义自见"，"熟能生巧"。反复诵读能频繁给大脑神经带来刺激，使神经传导变得更加活跃从而促进记忆的形成。古人正是通过反复诵读来背诵和理解经传的。我们常常可以在电视剧或电影中看到古时的人们或摇头晃脑，或走来走去，或微微晃动上半身，诵读或背诵经传的样子。这其实是一种诵读方式，不仅中国的古人，犹太人也重视这种诵读方式。犹太人称做学问为"mishnah"，"Mishnah"又有"反复跟读或吟唱"的意思。即，以眼看、口读、耳听的方式反复地诵读并记住文字资料（包括经传等）是犹太人最重要的学习方法。犹太人一般从出生开始到 13 岁，每日记诵托拉犹太律法（Tôrāh）。记诵时有两个特点是值得注意的：一个是发出声音地反复诵读；一个是在诵读过程中按照独特的节奏晃动身体。相关研究结果表明，有节奏感地晃动身体，可以加强注意力和提高记忆力；其原因有二：一是因为身体活动加强了血液循环并为大脑供给了更多氧气，使大脑能更加灵活地运作；二是因为人类大脑额叶的70%与口、手、脚相连，不仅如此，大脑额叶还关系到人的注意、认知、情绪和行为，大脑前额叶还与人类的记忆密切相关。身体的活动加上反复地诵读能给人脑额叶带来强烈的刺激，从而调动大脑额叶的各项功能。犹太人的这种以提高记忆力为重心的学习法其实与古人读经的方法是非常相似的。所以利用《三字经》教学法，让儿童反复诵读和记诵《三字经》，不仅可以让学习者练习汉语发音，记住《三字经》里的汉字和内容，还可以帮助他们提高记忆力和语言学习能力。

第三，跟着视听材料吟唱和律动。现在有很多有关《三字经》的视听材料而且大部分是以儿童学习者为对象的。比如，国内的"亲宝国学启蒙《三字经》"和"国学启蒙《三字经》"就是教授儿童《三字经》的视频材料。还有，韩国 Smart Study 开发的儿童教育应用程序"碰碰狐"将《三字经》的内容编成了童谣集"碰碰狐儿童儿歌《三字经》"。《三字经》里每八句编成一首童谣，以八句中的第一句作为童谣题目。比如，《人之初》《三才者》《曰春夏》《曰水火》《首孝悌》《昔孟母》《玉不琢》《养不教》《稻粱菽》《香九龄》等。在进行《三字经》教学的过程中，可以让学习者听童谣、跟唱童谣并跟着童谣节奏律动起来。如此，既能活跃课堂气氛，让教学变得灵活有趣，还能让儿童学习者快乐、积极地参与到学习中来。儿童学习者跟着童谣边吟唱边律动，此时他们的大脑处于非常活跃的状态，有利于记忆的形成和语言习得。

第四，结合图或视频讲故事。儿童一般喜欢听故事并喜好图画等直观的视觉材料。考虑到儿童的这一特征，可以结合与《三字经》内容相关的图片或视频材料，以讲故事的方式来进行教学。《三字经》故事中有很多是可以用作汉语和中国文化教学的。比如，"昔孟母，择邻处。子不学，断机杼"，讲的是"孟母三迁"的故事，体现了孟母的母爱，也体现出一种重视环境作用的教育思想。"香九龄，能温席。孝于亲，所当执"，讲的是"黄香温席"的故事，体现了"孝"思想。"融四岁，能让梨。弟于长，宜先知"讲的是"孔融让梨"的故事，体现了友爱孝悌，谦让待人的思想。"头悬梁，锥刺股。彼不教，自勤苦"，讲的是东汉时的孙敬和战国时期的苏秦"悬梁刺股"，发奋学习的故事。"如囊萤，如映雪。家虽贫，学不辍"讲的是晋代车胤和孙康"囊萤映雪"，克服艰苦环境，刻苦读书的故事。这两则故事体现了勤奋上进，坚持不懈的精神。儿童学习者通过《三字经》里的故事学习汉语、汉字的同时也可以感受和了解中国人的精神和思想。这对学习者自身的人格和性格塑造也会带来积极影响。

第五，联系日常生活。儿童总是对与自己的日常生活相关的或亲身经历过的事物感兴趣，这些事物也比较容易让儿童学习者集中注意力和理解。在《三字经》的教学过程中，教师可以让学习者根据所学内容联想日常生活，以此来调动学习者的学习积极性并帮助他们理解学习内容。比如，"三才者，天地人。三光者，日月星""曰春夏，曰秋冬。此四时，运不穷""地所生，有草木。此植物，遍水陆""有虫鱼，有鸟兽。此动物，能飞走""青赤黄，及黑白。此五色，目所识""酸苦甘，及辛咸。此五味，口所含""马牛羊，鸡犬豕。此六畜，人所饲"等都是与日常生活相关的内容。教师可以通过提问的方式，引导儿童学习者联想日常生活中的经验。学习者在问答环节，注意力高度集中，而且通过把所学和已知相联系，能够加深理解。

第六，玩游戏，学汉字。在实际教学过程中利用儿童喜欢的游戏形式引导学习可以提升学习效果。比如，先带学习者反复诵读句子，再利用汉字闪卡教每个字的发音，帮助学习者认读，然后将闪卡发给学习者，让他们听发音选出并展示与汉字发音相符的汉字闪卡。再进行反复诵读和记诵。最后让学习者利用闪卡按所学句子排序，对于高年级的学习者，也可让他们在课堂上或课后亲自制作汉字卡片，借此帮助学习者加深对汉字和对所学内容的记忆。

第七，由字到词的扩张学习。一般情况下，一个汉字对应一个语素，语素是语言中最小的音义结合体。一个汉字可与其他汉字结合组成新词。所谓由字到词的扩张就是学习一个字的同时学习与这个字相关联的词，比如，学习"龄"这个字，就可以同时学习"年龄"这个词；学习"雪"这个字，就可以同时学习"白雪""雪人"这些词；学习"头"这个字，就可以同时学习"头发""额头"这些词。如此将字词学习相结合的方式，不仅可以帮助学习者学习和积累词汇，还可以加深学习者对汉字的理解和记忆，促进汉字习得。

接下来，笔者以"融四岁，能让梨，弟于长，宜先知"的教学为例进行更详细的步骤说明。

①将"融四岁，能让梨，弟于长，宜先知"分为前两句和后两句，带学生反复朗读并纠正发音。

②让学生边看图 10-1 边听"孔融让梨"的故事并给学生播放"孔融让

梨"的视频材料，在这个过程中需要用韩语做解释，也需要适当加入一些简单的问题，以此来集中学生的注意力和唤起他们的思考。

图 10-1　孔融让梨

③再讲一遍"孔融让梨"的故事，让学生理解故事内容。

④提问学生，让学生想想日常生活中与所学《三字经》内容相似的经历。比如，"你和朋友分享过好吃的东西吗？""你有向别人让步的经历吗？"等问题，提问的时候不排斥使用学生的母语。

⑤带学生跟着《三字经》童谣的节奏反复诵读并律动起来。

⑥利用闪卡，认读汉字。

⑦分解汉字，做拼字游戏。将"融""岁""让""梨""知"等汉字分解成部件"鬲""虫""山""夕""言""上""利""木""矢""口"，让学习者从中找出部件来拼字。还可将每个汉字做成拼图，让学生拼出所学汉字，如图 10-2、图 10-3 所示。这两个游戏不仅有趣，还能让学习者集中精力参与进来，有利于儿童学习者把握字形，增加对汉字结构的了解，为进一步的汉字学习打下基础

图 10-2

第十章 经传教学法

融 岁 梨 让

图 10-3

⑧让学生反复诵读和记诵所学内容，并利用闪卡，让学生按照所学句子将汉字闪卡排序。

⑨把字扩展为词，比如，"融→孔融""岁→四岁""让→让座、让梨""梨→梨子、梨树"，并利用与词义相关的闪卡，如图 10-4 所示进行词汇教学，帮助儿童学习者理解和记忆词汇。

图 10-4

第二节 关于《千字文》的教学

以上探讨了儿童汉语教学中的《三字经》教学法，而在三字一句的基础上，添加一字便是四字一句的四言体了。《千字文》就是以四言体构成的蒙书。一般认为此书由魏晋南北朝时期周兴嗣编写。徐梓（1998）认为隋朝以前就有很多学者编撰了各种《千字文》，周兴嗣应该是给三国时期魏钟繇编写的《千字文》次韵了[①]，但提起《千字文》，人们最先想到的还是周兴嗣。《三字经》形式洗练，通篇押韵，包含丰富的内容和思想，具有实用性和文

---

① "在敦煌文献中，p.2721 是一卷名为《杂抄》《珠玉抄》《益智文》《随身宝》的卷子，其中提到众多的童蒙读物及其作者……在《千字文》下，由'钟繇撰，李暹注'的双行小注，其下又有单行大字注明'周兴嗣次韵'。"

学性，至今还广为流传。实际上，对于韩国儿童学习者来说，比起《三字经》，他们更熟悉《千字文》。《千字文》从很早开始就是韩国人学习汉字时普遍使用的教材了。在韩国流通的版本中最具代表性的应属《光州千字文》《石峰千字文》和《注解千字文》了。《注解千字文》顾名思义，在注明音、义的基础上，还加有每句话的注解。《光州千字文》和《石峰千字文》虽都有汉字的音和义，但《石峰千字文》是用小篆、草书、楷书字体记录的，不仅有汉字教育价值，还有书法教育价值。

一、韩国的儿童汉字教育情况

韩国是汉字圈文化国家，韩语里有70%的词汇是汉字词，时至今日，韩国的父母仍非常重视对孩子汉字能力的培养。韩国有几种汉字能力考试，比如，由韩国语文会主办的"汉字能力等级考试"、由韩国教育文化会主办的"汉字等级认证考试"、由大韩检定会主办的"汉字等级资格检定"、由汉字教育振兴会主办的"汉字实力等级考试"、由语言能力评价院主办的"汉字语能力检定"，等等。大部分韩国人从小就开始学习汉字，韩国的小学从一年级也有开设汉字课。就以儿童为对象的韩国汉字教学来说，现在使用的比较多的学习材料主要有新开发的多媒体汉字童谣和《千字文》。多媒体汉字童谣有些与汉字教材配套使用，有些则通过App使用。"Saea汉字""神秘汉字"和"TOMTOMI汉字"是比较有代表性的多媒体汉字童谣，通过形象的图画向儿童学习者展示汉字的形状，通过节奏明快与汉字字义相关联的童谣来教授汉字的发音和字义，同时生动地示范汉字地笔顺。"Saea汉字"共9册，108字（包含汉字8级和7级汉字），配有汉字闪卡和类似游戏的趣味练习。如图10-5、图10-6和图10-7所示。

图10-5　Saea汉字

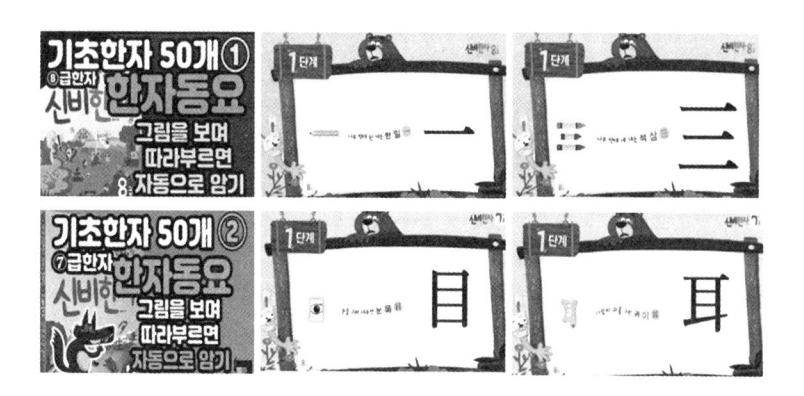

图 10-6　神秘汉字

图 10-7　TOMTOMI 汉字

这些童谣到目前为止收入了汉字能力等级考试规定的 8 级、7 级和部分 6 级的汉字。儿童学习者可以通过这些童谣，在唱唱跳跳中快乐地学习和记忆汉字。与汉字童谣相比，韩国学习者使用时间最长，使用频率最多的还是《千字文》。有的人是通过长辈的口传学习的，有的人是通过学习《千字文》教材学习的，有的人是在汉字学院学习的，有的人是去书院学习的，还有的人是通过漫画学习的。韩国儿童学习《千字文》的方法主要有两种：一种是通过反复训读和吟诵的方式；另一种则是通过漫画和动画的方式。

图 10-8　韩国《千字文》吟诵法

图 10-9　《魔法千字文》漫画

图 10-8 是韩国人学习《千字文》的传统方法，主要是把韩语里的字义和汉字的发音结合在一起连读并按照某种节奏吟诵，听起来犹如唱歌，再用韩语解释每句话的意思，但一般情况下对儿童学习者只要求吟诵。图 10-9 是由韩国 BOOK21 出版公司出版的以中国古典小说《西游记》为背景，进行再创作的一套汉字漫画书，取名"魔法千字文"。它将漫画书、动画片、App 和练习册（包括汉字游戏、汉字谜语、四字成语等）相结合，让学习者沉浸在漫画故事中习得汉字。但是，《魔法千字文》与传统的《千字文》有所不同，主要体现在两个方面。一方面，收入的汉字不完全相同，另一方面，《魔法千字文》以直观的视觉刺激为主要方式，培养学习者对汉字形态的认识和对意义的理解，而传统的《千字文》，名副其实，是由"千字"编

成的"文",其不只是单纯的一个个汉字的排列和字的独立教学,而是通过"读文"来达到集中识字的目的。它不仅包含了形、音、义结合的 1000 个汉字,还体现了汉字与汉语的关系以及汉语的魅力。

综合以上韩国的儿童汉字教育情况可以得知,韩国人重视汉字学习而且对《千字文》并不陌生。又因为汉字与汉语密切关联,所以能肯定《千字文》可以用于儿童汉语教学。

二、儿童汉语教学中《千字文》的意义

第一,有助于汉语语音学习和练习。《千字文》由 1 000 个汉字,按照 4 字 1 句,2 句 1 联的形式构成。共 250 句,125 联,除第 28 联外,通篇押韵,其中有 85 联还采用了对偶的修辞方法。比如,"寒来暑往,秋收冬藏""云腾致雨,露结为霜""金生丽水,玉出昆冈""剑号巨阙,珠称夜光""果珍李柰,菜重芥姜"等都是对偶句。韵律清晰,节奏感强,朗朗上口,有利于培养语感。又因汉字的发音包含有声母、韵母、音节和声调,所以学习者在反复诵读《千字文》时,就等同于在做汉语发音的练习。

第二,有助于语法习得。从语法层面上来观察,《千字文》也包含有基本的"主语 + 谓语""谓语 + 宾语"和"主 + 谓 + 宾"句型。比如,"天地玄黄,宇宙洪荒""孟轲敦素,史鱼秉直"等都属于主谓句;"始制文字,乃服衣裳""爱育黎首""罔谈彼短",都属于谓宾句;"女慕贞洁,男效才良""墨悲丝染,诗赞羔羊"等都属于主谓宾句。学习者在诵读和背诵《千字文》时,能无意识地接触和熟悉汉语句子的构造。但实际上,这些语法体系,并不能完全囊括所有的汉语语言特征。前面就有提及,汉语具有"意合"的特征,一句话里或句与句之间很多情况下无须关联词便可很自然地连接在一起,这就是意合的作用。《千字文》也体现着汉语的这一特点,比如,"祸因恶积"和"福缘善庆","乐殊贵贱"和"礼别尊卑","外受傅训"和"入奉母仪",等等,前一句话和后一句话之间虽然没有关联词,但"祸福""礼乐""内外"却很自然地被连在一起表达出彼此相通的意思。申小龙教授曾提出汉语"语义聚合"的特征,他认为中国语法学是重意义的,以意义的完整为目的,用一个个语言板块(句读段)按逻辑事理的流动、铺排的局势来完成内容表达的要求。(申小龙,1990)是"天人合一"文化精神的体现,注重言与意的统一,以神统形(申小龙,2008)。郭绍虞(2009)在《照隅室语言文字论集》中谈到"中国语词以单音为主,西洋语词以多音为主。中国语构词造句之法以名词为主,西洋则以动词为主。""正因中国语言文字有

单音缀与孤立的特征，所以在文辞中格外能显出音节之美。"郭绍虞（1979）曾提出"中国文辞重在音句而不重在义句"的观点。（申小龙，2008）音句与音句组合起来，表达一个完整的意义，就形成一个义句。汉语的造句就是一个由音句进入义句的过程，一个由词组而成句的过程。这些都说明了汉语有自己的规律和特征，不能将之完全摆在西方语法体系的框架内来讨论和学习。所以通过《千字文》的学习，学习者可以接触和感受到独特的汉语"语法"，熟悉汉语构句成义的方式。

第三，有助于词汇习得。《千字文》在汉语词汇学习方面的意义可以从两个方面来理解。一方面因为它是四言体韵文。首先，韵文声音优美，节奏整齐鲜明，可读性强。其次，四言一句，每句有其义，且每两句表达一个完整的意思，这就形成了一个个记忆组块，有利于"集中识字"和记忆。据相关研究表明，《千字文》中的889字属于"现代汉语3500常用字"。不仅如此，当笔者将周兴嗣的《千字文》与"韩国常用1800汉字""中、日、韩共用808字"进行对比后发现《千字文》中有773字属于"韩国常用1800汉字"，有479字属于"中、日、韩共用808字"。由此可知，《千字文》不但对当下的基础汉字学习有现实意义，而且对韩国儿童的汉字启蒙以及中、日、韩共用汉字及汉字文化的认识具有重要意义。而如前所述，由于对汉字掌握的情况会直接关系到对词汇的理解和记忆，汉字习得对词汇习得有着深远影响，所以实际上《千字文》对词汇习得也有重要意义。另一方面，因为《千字文》中也包含有汉语各词类的词语，比如，"天""地""日""月""云""雨""露""水""河""海""火""金""玉""笔""纸"等属于名词；"来""往""收""藏""成""为""称""推""让""坐""问"等属于动词；"黄""白""高""大""咸""淡""长""短""深""薄""贵"等属于形容词；"不""再""无""岂""必""最""皆"等属于副词；"二""四""五""八""九""百""千""万"等属于数词；"于""因""比""在"等属于介词；"我""谁""彼""此"等属于代词；"且""而""则""与"等属于连词，且名词和动词的数量居多。通过学习这些词语或在这些词语的基础上进行拓展学习可以帮助儿童学习者建立词汇基础。

第四，有助于文化习得。《千字文》通篇可以分为五大部分，从"天地玄黄"到"鳞潜羽翔"是有关天地自然之道的；从"龙师火帝"到"赖及万方"是有关贤君明主之帝王之道的；从"盖此身发"到"好爵自縻"是有关修身之道的；从"都邑华夏"到"劝赏黜陟"是有关社会、政治和地理的；从"孟轲敦素"到"愚蒙等诮"是有关对自由和安定生活的追求的。

如我们所知，儒家提倡"五常"——仁、义、礼、智、信，即伦理道德的五大原则。孔子的"仁"和"礼"思想中又包含了"忠"和"孝"。而《千字文》有大部分内容与儒家思想相关联。比如，"推位让国，有虞陶唐""坐朝问道，垂拱平章。爱育黎首，臣伏戎羌""仁慈隐恻，造次弗离"等都包含了"仁"；"资父事君，曰严与敬。孝当竭力，忠则尽命""外受傅训，入奉母仪。诸姑伯叔，犹子比儿"等包含了"忠"与"孝"；"上和下睦，夫唱妇随""孔怀兄弟，同气连枝""罔谈彼短，靡恃己长"等包含了"礼"。这部经典本身就是中国传统文化精华的汇集，儿童汉语学习者在诵读和学习《千字文》的同时也是在接触和学习中国文化精髓了。尤其是对于韩国的儿童学习者来说，他们也生活在儒家文化背景之下，文化的亲近性使他们不排斥或更容易接受《千字文》及《千字文》包含的思想，他们甚至可以以此为镜，再观察和深思自己国家的文化，这就达到了双向学习，融会贯通的效果。

三、《千字文》的运用

对于《千字文》在韩国儿童汉语教学中的运用笔者提出以下五点建议：

第一，诵读法。这种传承已久的方法必然有其科学性和实用性，应该重视起来。有节奏地大声诵读，且反复诵读，不仅能使学习者的注意力集中，还能给学习者的大脑带来强烈的刺激，强化对语音、汉字、结构和内容的记忆，提高记忆力，促进大脑发育。长期从事汉字和书法教学的韩国朴富庆博士还曾指出在儿童汉字教学的过程中，她一直要求学习者用手指指着汉字大声朗读，因为她发现以"眼""心""手""口"四个统一的方式对认读和记忆汉字非常有效。前面在介绍读经时，曾提过"眼到""口到""心到"，在此基础上还应加上"手到"。

第二，吟诵法。这种方法也是有效的传统方法。韩国人至今在学习《千字文》时还主要是利用这种方法。他们把韩语的意思与汉字的发音和字形结合起来，以类似唱歌的方式将《千字文》吟诵出来。比如"天"，用韩字记录成"하늘"，其韩字发音类似于"哈呢"，对应的汉字"天"的发音是"천（cheon）"，有点儿类似于"衬"的发音，所以他们吟诵成"하늘天（哈呢衬）"，以这种方法将韩字与汉字，韩语词汇与汉字义结合在了一起。笔者认为对于初学《千字文》的儿童汉语学习者来说，第一阶段可以先利用诵读法反反复复地读熟悉汉字的发音和字形。然后，第二阶段可以使用吟诵法来了解字义，将形、音、义统一。就韩国学习者来说，可以利用他们本身熟悉

的方式,只将韩国的汉字发音[①]更换为中国现代的汉字字音,例如,把"천(cheon)"更换成"天(tian)",吟诵成"하늘天(哈呢天)"。如此,在形、音结合的基础上便加上了"义"。

第三,图画法。图画法指在教学过程中向学习者展示图画或让学习者画图。主要是利用闪卡和图画来帮助学习者把握汉字的形态,理解汉字的字义,并增强他们对学习的兴趣。

第四,扩张法。扩张法是指由字到词的扩张。《千字文》在儿童汉语教学中的意义不止于汉字习得,还在于词汇基础的建立。由字过渡到词,由词过渡到句,循序渐进。有关《千字文》由字到词的扩张,笔者认为可以把汉语词加在字前,比如,"天空天,大地地,玄鸟玄,黄色黄……"。在教学过程中利用闪卡或图画来帮助学习者理解词语,并让学习者按照一定的节奏进行反复诵读和吟诵。以这样的方式将字、词的学习和记忆结合在一起。建议以第一阶段诵读、第二阶段吟诵为基础,将扩张法作为第三阶段的方法来使用。

第五,听读法。听读法就是让学习者通过一些音频或视频材料反复听《三字文》或反复听读。这个方法不仅可以在课堂上使用,还可以让学习者在课后使用。只听不读或边听边读,或跟着视频律动,都有助于记忆和习得。此外,还可以让韩国儿童学习者在课后观看《魔法千字文》培养对汉字的兴趣。

第三节 关于《论语》的教学

一、《论语》在对外汉语教学中的意义

《论语》是具有代表性的儒家经典,它以语录和对话的形式记录了孔子与其弟子的言行,共20篇,其语言精练,内容博大精深。如果说西方有《圣经》,那么东方就有《论语》。所谓"半部《论语》治天下",《论语》包含了孔子的政治思想、为人处世的道理和中华文化思想的精髓。从古到今,中国历史上虽然出现了很多种曾经影响着社会和人们生活的思想,但儒家思想经历了几千年仍在流传并发挥着巨大的影响力。1970年诺贝尔物理学奖的

[①] 韩国的汉字发音仍然保留了中国汉字发音的中古音。

获得者汉尼斯·阿尔文（Hannes Alfven）曾经说："人类要生存下去，就必须回到二十五个世纪以前，去汲取孔子的智慧。"现在，中国国内提倡的"新儒学"和"文化复兴"主要就是把以儒家文化为代表的传统思想文化中的精华与现代社会及其发展相结合，扩大文化的积极影响，力求经济与文化的和谐发展。孔子被世界教科文组织选为世界10大文化名人之首，孔子和有关他的《论语》可以被看作一种中国文化的符号。无论是中国国内的中国人，还是居住在海外的华人都携带着儒家文化的遗传因子。若要与中国人进行顺达的交流，若要了解中国，就必须了解中国文化中的儒家文化。从"教"的角度来看，汉语教学和中国文化教学必须双管齐下，甚至可以认为语言是手段，了解文化、实现交流才是目的。张德鑫先生曾说："对外汉语教学的宏观目标是弘扬中华文明，这从根本上决定了对外汉语教学就是传播中国文化。"笔者认为这与一个"文"字有关。中国自古就是一个重"文"的国家。20世纪改革开放以来，中国在各领域迅速发展并取得成就。进入21世纪，中国走向繁荣昌盛的步伐更加快了，但有别于历史上其他的"大国崛起"，中国的崛起是和平的崛起，以"文"的方式崛起，以"文德"感化世界。在这个过程中，中国文化就是让中国日益强大的软实力之一，以文化感动世界就如细细春雨浸润世界一样，温柔、和谐且深入。从这个层面来看，《论语》在对外汉语教学，尤其是语言-文化通合教学中就有了重要且深远的意义。

二、韩国儿童汉语教学中《论语》教学的可能性

台湾师范大学曾仕强教授曾说过《论语》是所有经典里面最难的一部，是儒家思想的总结。那么，《论语》是否适用于以韩国儿童为对象的汉语教学呢？笔者认为可以，其理由有以下五点。

第一，《论语》对韩国和韩国人带来了深远的影响。儒家思想和儒家经传是于高句丽、新罗和百济三国鼎立的时期传入朝鲜半岛的。在高句丽，以儒家经传教育为基础的教育体制普遍传开。小兽林王2年建立了"大学"。百济王子阿直岐与博士王仁在近肖古王期间，渡日本传授《论语》和《千字文》。三国统一后，新罗加强了与中国的文化交流。新文王2年设立了"国学"，主要教授《五经》《论语》和《孝经》也为必读课程。据《高丽史》记载，《论语》的初次刊行是在1056年。进入朝鲜时代后，朱子学思想全面登场。朝鲜世宗大王设立朱子所刊行包括《论语》等大量书籍，使得《论语》和其他经传更加普及。当时，乡间书院的孩童也学习《论语》。《论语》里包含的思想至今还影响着韩国人和韩国社会，可以认为韩国人的身体里也

有儒家文化的基因,其中最具代表性的是"礼"和"孝"思想。比如,韩国人打招呼或致谢时,常常弯腰鞠躬;讲究不同场合下着装的配合;日常生活中对长辈或上级使用敬语,等等都来自他们的"礼"念。再比如,韩国家庭中一般由晚辈承担家务,用餐时以长辈为先,还有逢年过节时,韩国人的活动以祭祀已逝的长辈和祖先为主,这些都能反映出他们的"孝"和"礼"思想。虽然是处在西方文化流入、东西文化交汇的现在,但儒家文化仍然是韩国的主流文化,大部分韩国人从小就在家庭和学校中接受儒家文化思想的熏陶。从韩国的儒家文化背景及韩国人的成长环境来看,韩国儿童学习者在学习《论语》时,应该能感觉到文化的亲近性,能比较自然地接受其中的内容和思想。

第二,《论语》有利于人性教育。儿童汉语教学,它既是语言的教学、文化的教学,也是儿童教学。它的目的不应该只是培养学习者的汉语语言能力,还应该通过语言-文化的力量来"育人"。笔者认为任何一种教育,如果它的对象是"儿童",那么它的目的应该是"育人",通过教育培养出有知识、有文化、有能力,有健全人格的人。而《论语》自古就是中国人的蒙学书的一种,它的内容包含有个人修身与家庭、社会生活的联系。人们从小可以通过《论语》学习到为人处世的方法。比如,"父母在,不远游,游必有方",它以日常生活中的事情来告诉人们何为"孝",如何实行"孝";"不知命,无以为君子也;不知礼,无以立也;不知言,无以知人也",它以谈"礼"来教人们为人处世的原则和方法;"益者三友,损者三友。友直,友谅,友多闻,益矣。友便辟,友善柔,友便佞,损矣",它告诉人们如何有选择地交友;"三人行,必有我师焉:择其善者而从之,其不善者而改之",它告诉人们"老师"无处不在,"学习"无处不行,"学"无止境。因此,通过学习《论语》的方式来学习汉语,不仅可以学习语言、文字,还能习得文化思想,从而塑造健全的人性。

第三,《论语》易于诵读和记忆。《论语》中的句子和语篇都比较简洁,一句一句地教,从视觉上并不会给学习者带来沉重的压力。论语中还有许多句子,比如,"食不语,寝不言""知之者,不如好之者。好之者,不如乐之者""学而时习之,不亦悦乎。有朋自远方来,不亦乐乎。人不知而不愠,不亦君子乎"等,形式整齐,意思关联,有利于理解和记忆。再加上,《论语》句子常用"乎""也""矣"等语气助词结尾,将声音拉长了,声音的长短结合,赋予了《论语》音乐的美感,至今在韩国,还有人以吟唱的方式背诵《论语》。

第四，韩国现在仍有书院存在，这些书院仍在向小学年龄的儿童教授《论语》。部分韩国的父母会在寒暑假期间，将孩子送去书院学习汉文和礼节并接受人性教育。孙万萍（2012）就曾对位于韩国忠清北道报恩郡的怀仁书堂的会长进行了采访。在采访中，会长谈到书院以教授《孝经》和《论语》为基础，并指出了反复诵读经传对汉字认读和汉文理解的重要性。由此可知，对于学龄期的儿童来说，读经是可行的，而且《论语》也可读。

第五，《论语》的教学可易可难。学习本身是一个积累的过程，是循序渐进的。可以根据学习的对象，制定学习目标，再选择和安排学习内容和方法。比如，在国外有很多教会，教会有儿童班，传教士会给孩子讲《圣经》。《圣经》也是一本博大精深的巨作，包含了神话、历史、哲学、政治、经济、社会及文化思想。可以教给儿童吗？当然可以。就像老师讲一堂课一样，可以简单讲，也可以深入讲；可以略讲，也可以精讲。韩国的儿童《圣经》班，一般是以讲《圣经》故事，联系日常生活，还有《圣经》歌谣律动的方式进行的。现在在课后还使用配套的《圣经》漫画和《圣经》练习册，《圣经》练习册主要是让孩子抄写《圣经》，既可以帮助熟悉《圣经》内容，又可以达到练习认读和书写韩字的目的，一举两得。再比如，我们中国人教孩子《三字经》，最初是不要求孩子去理解内容的，只要求孩子跟读和背诵，然后会让孩子去了解一些《三字经》小故事，至于对《三字经》每句话的理解，那都是之后的事情了，对孩童一般是不做要求的。同样的道理，《论语》的教学也可浅可深，笔者认为最重要的是因材施教，教育者应该提拿有度。

三、韩国儿童汉语教学中《论语》的运用

韩国儿童汉语教学中如何运用《论语》呢？在讨论这个问题之前，我们需要先了解一下，现在韩国儿童是如何学习《论语》的。除了上述书院里普遍使用的反复诵读法之外，还有哪些现行的方法呢？笔者对韩国最大的图书商城网做了统计，有关"儿童《论语》"和"初等《论语》"的书一共有82本，这82本书中大部分是以人性教育和东方哲学教育为目的的，还有一部分是以汉字汉文教育为目的的。销量比较好的有《Why 孔子 < 论语 >》、《初见论语》《雨蛙书堂 < 论语 >》、《< 论语 >》(How so？哈佛大学选定人文经典)《六个主题 < 论语 >》等。这些书都是以对儿童进行人性教育和培养儿童的东方人文学素养为目的的，不仅收入了《论语》原文和注解，还根据儿童学习者的水平，将释义简单化，有的还以漫画的形式增添乐趣。比如，《六个

主题＜论语＞》全书分两部，第一部通过十个问题来介绍《论语》，第二部将《论语》内容分成六个主题来进行介绍。十个问题包括"为什么要读《论语》？""《论语》不是孔子所写？""孔子生活在哪个时代？""孔子的一生是怎样的？""什么是孔子所言的'仁'和'礼'？""为何学习？""如何行'孝'？""如何与朋友相处？""何为杰出人物？""孔子有多少弟子？"等。六个主题包括"孔子的生活和理想""孝敬父母""治学""师生""待人""处世"等，每个主题下精选了五句话，具体内容如下：

1. 孔子的生活和理想：

①子曰，学而时习之……不亦君子乎？
②叶公问孔子于子路……不知老之将至云尔。
③子曰，富而可求也……从吾所好。
④子路宿于石门……曰，"是知其不可而为之者与？"
⑤子曰，"吾十有五而志于学……不逾矩。"

2. 孝敬父母：

①有子曰，"其为人也孝弟……其为仁之本与！"
②孟武伯问孝，子曰，"……唯其疾之忧。"
③子游问孝，子曰，"……何以别乎？"
④子夏问孝，子曰，"……曾是以为孝乎？"
⑤子曰，"父母之年，……一则以惧。"

3. 治学

①子曰，"弟子入则孝……则以学文。"
②子曰，"君子，食无求饱……可谓好学也已。"
③子曰，"温故而知新，可以为师矣。"
④子曰，"由，悔女知之乎……是知也。"
⑤子曰，"学而不思则罔，思而不学则殆。"

4. 师生

①子曰，"贤哉，……回也不改其乐，贤哉，回也。"
②冉求曰，"非不悦子之道……"子曰，"……今女画。"
③字路有闻，未之能行，唯恐有闻。

④子贡问曰，"赐也何如？"……曰，"瑚琏也。"
⑤子曰，"参乎！吾道一以贯之。"……曾子曰，"夫子之道，忠恕而已矣。"

5. 待人

①子曰，"不患人之不己知，患不知人也。"
②子曰，"见贤思齐焉，见不贤而内自省也。"
③子曰，"可与言而不与言……亦不失言。"
④子贡问曰，"有一言而可以终身行之者乎？"……己所不欲，勿施于人。
⑤子曰，"众恶之，必察焉。众好之，必察焉。"

6. 处世

①叶公问政，子曰，"近者悦，远者来。"
②子曰，"不患无位，患所以立。不患莫己知，求为可知也。"
③曾子曰，"吾日三省吾身……传不习乎？"
④子夏为，问政。子曰，"无欲速。……见小利则大事不成。"
⑤子绝四，毋意，毋必，毋固，毋我。

此书主要以文字构成，虽然存在很多不容易被理解的内容，但它按主题来选择《论语》内容并将其分类的方法具有参考价值。与之不同，《初见论语》则从《论语》的15篇中选择了70句话，分成28个主题进行编辑，并将每个主题与小故事或日常生活中的事情相联系以帮助学习者理解内容大意。其所选《论语》内容如下。

表 10-2 《初见论语》选择《论语》语句情况

篇名	《论语》内容	篇名	《论语》内容
学而篇	学而时习之……不亦君子乎？ 君子食无求饱，居无求安。 无友不如己者，过则勿惮改。 巧言令色，鲜矣仁。 不患人之不己知，患不知人也。	泰伯篇	不在其位，不谋其政。 学如不及，犹恐失之。 狂而不直……吾不知之矣。
		子罕篇	苗而不秀者有矣夫！秀而不实者有矣夫！ 岁寒，然后知松柏之后凋也。 知者不惑，仁者不忧，勇者不惧。
为政篇	道之以政，齐之以刑，民免而无耻。 温故而知新，可以为师矣。 吾十有五而志于学，三十而立……不逾矩。 君子不器。 先行其言，而后从之。 学而不思则罔，思而不学则殆。 知之为知之，不知为不知，是知也。 人而无信，不知其可也。	乡党篇	食不语，寝不言。
		颜渊篇	非礼勿视，非礼勿听，非礼勿言，非礼勿动。 君子不忧不惧。 君子成人之美，不成人之恶。小人反是。 忠告而善道之，不可则止。 樊迟问仁，子曰：爱人。
八佾篇	礼，与其奢也，宁俭；丧，与其易也，宁戚。	子路篇	君子和而不同，小人同而不和。 不如乡人之善者好之，其不善者恶之。 君子泰而不骄，小人骄而不泰。
里仁篇	不仁者不可以久处约……知者利仁。 唯仁者能好人，能恶人。 择不处仁，焉得知。 富与贵，是人之所欲也。不以其道得之，不处也。 放于利而行，多怨。 君子怀德，小人怀土，君子怀刑，小人怀惠。 朝闻道，夕死可矣。 恶不仁者，其为仁矣。 不患无位，患所以立……求为可知也。 古者言之不出，耻躬之不逮也。 以约失之者鲜矣。 父母在，不远游，游必有方。 事君数，斯辱矣；朋友数，斯疏矣。 德不孤，必有邻。	宪问篇	爱之，能勿劳乎？ 贫而无怨难，富而无骄易。 古之学者为己，今之学者为人。 其言之不怍，则为之也难。 骥不称其力，称其德也。
		卫灵公篇	可与言而不与言，失人。不可与言而与之言，失言。知者不失人，亦不失言。 人无远虑，必有近忧。 群居终日……难矣哉。 君子求诸己，小人求诸人。 己所不欲，勿施于人。 众恶之，必察焉。众好之，必察焉。 过而不改，是谓过矣。 道不同，不相为谋。

续　表

篇名	《论语》内容	篇名	《论语》内容
雍也篇	人之生也直，罔之生也，幸而免。 知之者，不如好之者；好之者，不如乐之者。 智者乐水，仁者乐山。 力不足者，中道而废，今女画。	阳货篇	性相近也，性相远也。 道听而途说，德之弃也。 年四十而见恶焉，其终也已。
述而篇	三人行，必有我师焉。 不义而富且贵，于我如浮云。 奢则不孙，俭则固；与其不孙也，宁固。 我欲仁，斯仁至矣。 子钓而不网，弋不射宿。 不愤不启，不悱不发。	尧曰篇	不知命，无以为君子也。不知礼，无以立也。 不知言，无以知人也。

　　如上表 10-2 所示，以小学生和中学生为对象的《初见论语》是有选择地安排内容的，并且其选择的语句都比较简洁，内容也能与日常生活相联系。

　　与以上介绍的《六个主题＜论语＞》《初见论语》不同，《Why 孔子＜论语＞》是一本学习《论语》的漫画书。它以《论语》思想为中心，用漫画故事来呈现所选《论语》内容，使学习者既获得了视觉和听觉的享受，又能够在轻松愉悦的漫画阅读过程中很自然地了解《论语》内容和思想。书页的下方还有相关汉字、汉字在韩语里的发音以及字义，以此来帮助学习者学习和熟悉汉字。此外，还有一些以利用《论语》教汉字为目的的书，比如，《每日 10 分钟儿童＜论语＞韩字+汉字书写》《儿童＜论语＞书写》《每日 10 分钟＜论语＞书写》《名篇书写：＜论语＞篇》《＜论语＞一句话书写》等，这些书就是以汉字的认读和书写为主。

　　通过以上内容，我们可以知道他们把《论语》用于汉字、汉文及人性教育，也可以了解到现阶段韩国儿童学习《论语》的方式。这些已有的课堂、书籍和方法对笔者将《论语》用于儿童汉语教学有着巨大的启发作用。首先根据韩国儿童《论语》学习的经验能确定学龄期儿童可以学习《论语》，但是依据由浅入深、循序渐进的原则，用于儿童汉语教学的《论语》在内容上必须是有选择性的。因此，笔者综合考察了韩国已有的儿童《论语》出版物，经过斟酌，选定了适用于韩国儿童汉语教学的《论语》内容，如下面表 10-3 所示。

表10-3　韩国儿童汉语教学之选定《论语》内容

篇名	选定内容
学而篇	学而时习之，不亦悦乎。
	有朋自远方来，不亦乐乎。
	人不知而不愠，不亦君子乎。
	巧言令色，鲜矣仁。
为政篇	知之为知之，不知为不知，是知也。
里仁篇	唯仁者能好人，能恶人。
	富与贵，是人之所欲也。不以其道得之，不处也。
	父母在，不远游，游必有方。
	事君数，斯辱矣；朋友数，斯疏矣。
雍也篇	知之者，不如好之者；好之者，不如乐之者。
	智者乐水，仁者乐山。
	文质彬彬，然后君子。
述而篇	三人行，必有我师焉。
	我欲仁，斯仁至矣。
	不愤不启，不悱不发。
子罕篇	苗而不秀者有矣夫！秀而不实者有矣夫！
	岁寒，然后知松柏之后凋也。
	知者不惑，仁者不忧，勇者不惧。
乡党篇	食不语，寝不言。
颜渊篇	非礼勿视，非礼勿听，非礼勿言，非礼勿动。
	君子不忧不惧。
	君子成人之美，不成人之恶，小人反是。
	樊迟问仁，子曰：爱人。
子路篇	君子和而不同，小人同而不和。
	君子泰而不骄，小人骄而不泰。
	欲速，则不达。
宪问篇	古之学者为己，今之学者为人。
卫灵公篇	人无远虑，必有近忧。
	君子求诸己，小人求诸人。
	己所不欲，勿施于人。
	众恶之，必察焉。众好之，必察焉。
	过而不改，是谓过矣。
	道不同，不相为谋。
	工欲善其事，必先利其器。
阳货篇	性相近也，性相远也。
公冶长篇	敏而好学，不耻下问。
	朽木不可雕也。
	知者不失人，亦不失言。
	三思而后行。
先进篇	过犹不及。

以上40个句子，其选定标准有三点：首先，这些句子都简洁明了，易于理解。其次，这些句子都在韩国的各种儿童《论语》书中出现过，可以参考。再次，这些句子都比较容易和日常生活故事相结合或者在其他书籍中已经有相关的例子。概而言之，选定的标准既要有利于学生学，也要方便于老师教。《论语》本身就是富含中国文化思想的经典，将它用于韩国儿童汉语教学就是在实行语言-文化的统一教学，它对学习者的语言及文化能力以及品格塑造有深远意义。

接下来，讨论一下具体运用。韩国儿童汉语教学中《论语》教学应注意五点：

第一，建议一次课教一句。教学要根据教学对象和学情来进行设计，儿童学习者的注意力集中时间一般为15～20分钟。即使是学龄期儿童，其注意力集中的时间也是有限的，特别是1～3年级的低年级儿童，其注意力集中的时间一般在30分钟左右，高年级儿童会相对好一些。所以，每节课的教学内容应该注意"量"。

第二，重视反复诵读。读经的关键在于反复大声的诵读。在这个过程中，学习者注意力是高度集中的，不但可以练习发音，还能记忆汉字或汉字词。

第三，重视将内容形象化、具体化。儿童喜好形象化的事物，生动形象的教学符合儿童的认知特点。因此，在《论语》教学过程中，应尽量利用讲故事的方式，可以配图或漫画，这些都是儿童熟悉的学习方式，还应注意将《论语》内容与儿童熟悉的日常生活经验联系起来，启发儿童联想和思考。前面提到了与人类认知和记忆有关的schema理论，新知识必须在与已有知识、记忆或经验相联系的情况下才能被习得。不仅如此，形象化、具体化的教学更加有趣，能吸引儿童学习者的注意力，使他们真正地参与学习。

第四，利用游戏进行教学，强化学习效果或通过游戏测试学习效果。

第五，重视"再读"。"再读"和"反复诵读"是不同的，"再读"是指把所有学习过的内容，"再读"一遍。韩国的书院常用的"读经"方法中就有"熟读"和"再读"。一般在学习者能"熟读"经传后，让学习者"再读"经传，其目的是让学习者通过"再读"加深对汉文的理解和对汉文体系的把握。让儿童汉语学习者"再读"论语内容，有利于语言、文字的习得与记忆以及对内容的理解。

以"知之为知之，不知为不知，是知也"为例，其具体教学步骤如下。

①由教师反复地且缓慢地把这个句子读给学习者听，让学生听清楚。

②由教师领读，学生反复跟读。

③利用汉字闪卡，把一个一个汉字的发音和字形清晰地教给学生，并利用闪卡反复练习。

④给学习者讲故事，还可以利用人物形象纸卡把故事或场景生动地演示出来，旨在帮助学习者了解内容大意。比如，就这句话，教师可以准备一段场景剧：一个"不懂装懂"的学生和一位老师之间的有趣的对话。在场景剧结束之后，将这句话的意思告诉学生，并让学生们试着联想一下自己在日常学习生活中的事情。

⑤反复诵读句子并背诵。

⑥课堂游戏。由老师提前准备好汉字金币，分发给学生，让学生按已学的句子进行正确排序，如下图10-10所示，或让学生亲自制作汉字金币，然后排序。这个过程不但可以让学习者对汉字和所学句子更加熟悉，还可以激发学生的学习兴趣。

图 10-10　"福袋"游戏

"福袋"游戏之后，可以进行"听音辨字"游戏，老师报汉字发音，学生选择并举起相应的汉字金币。

⑦游戏结束后，一定要让学生再读句子。

以上是笔者在考虑国别化的情况下并从文化视角下提出的以韩国儿童汉语学习者为对象的经传教学法。总结一下经传教学法的几个要点：①以听读、记诵为主，课堂上和课后都要重视反复听和反复读，尽量做到眼到、手到、口到、心到。②"熟读"基础上进行"再读"。③课堂教学内容要适量。要有选择地安排教学内容。④结合故事和游戏进行教学，使课堂形式多样化，内容丰富化，教学趣味化。⑤重视汉字认读以及字词的衔接。⑥重视教学过程中的提问和联想，以此启发学生思考并发挥人性教育的作用。

第十一章 四字成语教学法

"成语是人们长期以来习用的、简洁精辟的定型词组或短句。汉语的成语大多由四个字组成,一般都有出处"。(商务印书馆辞书研究中心,2016)1915年舒新城主编的《辞海》将成语定义为"古语常为今人所引用者曰成语。或出自经传,或来从谣谚,大抵为社会间口习耳闻,为众所熟知者"。(熊钝生,1982)由商务印书馆辞书研究中心编写的《汉语成语小词典》(商务印书馆辞书研究中心,2003)收入的4 600个成语中四字成语有4 366个,占比94.91%。由此可知,成语是从古时候流传下来的具有固定形式和文化意义的惯用词汇,以四字成语最为普遍。四字成语本身就是语言与文化的融合体,是凝聚历史、文化和思想的符号。

第一节 韩国儿童汉语教学中四字成语教学法的必要性和意义

韩国儿童汉语教学中四字成语教学法的必要性,可以从两方面来看。

首先,四字成语是汉语的一个重要组成部分,中国人从小就学习四字成语,不仅通过教科书和课堂学习,还通过各种课外图书或多媒体资源学习。比如,"成语动画廊""中华成语故事""成语英雄""中国成语大会"等。大部分的学龄前儿童就已经熟知一些成语故事了,如"狐假虎威""守株待兔""揠苗助长""亡羊补牢""刻舟求剑""杯弓蛇影""叶公好龙""螳臂当车"等。我们可以认为成语已植入了中国人的语言细胞里。因此,中国人在日常生活的实际语言交流中,也时常爱用成语。简洁而富含意义的四字成语具有极强的意思传达力和感情表现力。比如,"东奔西走""白日做梦""对牛弹琴""画饼充饥""朝三暮四""画蛇添足""瓜田李下""舍近求远""班门弄斧""走马观花"等都是人们在说话时会很自然地运用到的成语,可见四字成语对中国人的影响巨大。因此,非汉语母语者想要接触和理解中国人的文化和语言,想要与中国人进行顺畅的交流,就有必要学习四字成语。

其次,就韩国儿童学习者的语言和文化背景来看,他们更有必要学习四字成语。由于历史原因,韩国在语言、文化方面受中国影响深远,韩语中也有四字成语。任晓礼(2016)将韩语里的四字成语的来源大概划分为四

第十一章 四字成语教学法

种：一是来源于中国故事成语；二是来源于韩国古典经传和小说；三是来源于西方故事成语；四是来源于现代社会的新词汇。如我们所知，中国的各类典籍，如《史记》《汉书》《晋书》《三国志》等传入韩国后，对韩国人的语言文化思想产生了巨大影响。很多出自这些经典著作的成语，不仅中国人在用，韩国人也仍在使用。比如，"进退维谷""青出于蓝""一举两得""三秋之思"①"金兰之契"②"五里雾中""三顾草庐""多多益善"等。其中，占比最大的是中国故事成语，如"肝胆相照""一网打尽""朝三暮四""管鲍之交""南橘北枳""累卵之势"③"亡羊之叹""锦衣还乡"④"结草报恩"⑤等。但是，韩语中的四字成语和汉语四字成语之间既有联系又有区别。有的成语在形式上和意义上与汉语四字成语完全相同，如"不知不觉""不毛之地""同床异梦""庖丁解牛""一目了然""一石二鸟""百战百胜""大同小异""东奔西走""有备无患""近朱者赤，近墨者黑"等。有的形式不同但意义相同，如"天地开辟""不老长生""小贪大失""正正堂堂""山海真味""唯一无二""目不忍见""深思熟虑""龙头蛇尾""渔夫之利""走马看山""同舟相救""危机一发""覆杯之水""沙上楼阁""东问西答""气尽脉尽"等。有的形式相同但意义不同，如"落花流水"⑥"亡羊补牢"⑦"顾名思义"⑧"百尺竿头"⑨等。因此，在以韩国儿童为对象的汉语教学中，成语教学法就是一种必要的方法。它不仅能够使韩国儿童学习者学习到汉语和中国文化，还能够帮助他们提高韩语水平，加强对自身文化的理解以及培养对中韩语言、文化

---

① 汉语作"一日三秋"，来源于《诗经·王风·采葛》，原作"一日不见，如三秋兮"。
② 汉语作"金兰之交"，来源于《周易·系辞上》，原作"二人同心，其利断金。同心之言，其臭如兰"。
③ 汉语作"累卵之危"，来源于《史记·范雎蔡泽列传》，原作"秦王之国，危如累卵，得臣则安"。
④ 汉语作"衣锦还乡"，来源于《旧唐书·姜暮传》，原作"衣锦还乡，古人所尚"。
⑤ 汉语作"结草衔环"，"结草"来源于《左传·宣公十五年》；"衔环"来源于《续齐谐记》。
⑥ "落花流水"在韩语里指男女之间的爱恋，而在汉语里原形容暮春景色衰败，后指在战争或比赛中被打得惨败。
⑦ "亡羊补牢"在韩语里指犯了错误，如何后悔也都无济于事，在汉语里则指出了问题后想办法补救，可以减少损失或避免继续受损。
⑧ "顾名思义"在韩语里指思考和顾及名誉和义理，在汉语里则指看到名称就能想到与名称关联的意义。
⑨ "百尺竿头"在韩语里比喻极度危险的境地，在汉语里则指学问、成绩等达到很高程度后仍继续努力，争取更大进步，或指学业和事业有很高的成就。

关系的认识。这种教学法是在文化视角下产生的语言-文化通合教学法,是一种能够实现双方互相了解和交流的教学法。

最后,从语音、语法、汉字和文化习得四方面来谈谈四字成语教学法的意义。第一,语音习得方面。①四字成语由四字组成,这种形式又被称为"四字格"或"四字读",从商周时代的金文起就有。中国汉字,一字一音节,四字成语就由四个音节构成。"汉语具有较强的双音化倾向,双音节词占优势,有许多词语虽然并非双音节词,但在实际朗读中仍常常以两字为单位构成节奏"。四字成语具有"2+2"的结构特征,我们在读四字成语的时候一般会很自然地把前两个音节和后两个音节分别连在一起读。这就反映出了汉语语音特点和语感。②汉语中有四声,分平仄,四声和平仄构成了音调的高、低、长、短、强、弱变化。刘振前(1999)把四字成语的平仄组合形态分为5个类型和16种,由此可知,通过朗读成语可以体会汉语的四声变化和练习汉语发音。不仅如此,四字成语中常常出现声音的反复。这种反复一般由双声、押韵(包括叠韵)、汉字或音节的重叠构成。比如,"地大物博""琳琅满目""满面春风""弱肉强食"等都属于双声;"亡羊补牢""根深蒂固""开天辟地""五谷丰登""守株待兔""不遗余力""同舟共济""凤毛麟角"等都属于押韵[①],"亡羊补牢""根深蒂固""开天辟地""五谷丰登"属于叠韵;"百发百中""自作自受""井井有条""彬彬有礼""仪表堂堂""得意洋洋""骑马找马""将计就计""数不胜数""精益求精"等属于汉字或音节的重叠。四字成语教学法不仅可以让学习者接触和熟悉汉语音韵的特点,还方便学习者记忆。第二,语法习得方面。四字成语虽只由四字构成,但所谓"麻雀虽小,五脏俱全",四字中不仅包含名词、动词、形容词、副词、数词和助词等,还包含有多种语法结构,如"枉费心机""不遗余力""博览群书"属于动宾结构;"爱不释手""美不胜收""忠贞不渝"属于述补结构;"巾帼英雄""先见之明""风烛残年"属于"定语+中心语"结构;"肝胆相照""破镜重圆""图文并茂"属于主述结构;"塞翁失马""愚公移山""叶公好龙"属于"主+谓+宾"结构;"掩耳盗铃""见风使舵""闻鸡起舞"属于联动结构;"放虎归山""请君入瓮""集腋成裘"属于兼语结构;"风花雪月""光明磊落""口蜜腹剑""断壁颓垣"属于并列结构;"爱莫能助""唇

---

① 刘振前,刑梅萍(2003)认为,四字成语只有四个音节,音节与音节之间的间隔非常短,所以第1音节和第4音节、第2音节和第3音节、第1音节和第3音节、第2音节和第4音节中,只要有相同或相似的韵母出现,都可以视为押韵。

亡齿寒""不打自招"属于紧缩句结构。学习者通过学习这些成语或通过用现代汉语对这些成语的解释，可以在有意或无意中亲近和熟悉汉语的基本构词与构句法。第三，汉字习得方面。①四字可视为1个组块，学习和记忆起来比较方便，不会给儿童学习者造成负担。②四个汉字的表现力和其包含的信息之大，足以让学习者感受汉字的魅力，激发他们对汉字学习的好奇和兴趣。第四，文化习得方面。四字成语本身就是一种文化词汇，可以视为一种文化符号。它包含了神话、历史、自然、民俗、艺术、哲学思想等内容。学习成语的过程就是进行语言－文化通合学习的过程。

第二节 韩国儿童汉语教学中四字成语教学法的运用

一、韩国儿童汉语教学中成语教学的可能性

上面已经论述了韩国儿童汉语教学中四字成语教学法的必要性和意义，那么还需要讨论其可能性吗？笔者认为还是需要再讨论一下。因为很多人都会怀疑给外国儿童教授中国的四字成语的可行性。他们的怀疑是有根据的。《汉语水平词汇和汉字等级大纲》一共收入了137个四字成语，但观察其分布可知，甲级词汇里没有四字成语，乙级词汇中有2个，丙级词汇中有18个，丁级词汇中有117个。汉语水平考试（HSK）初、中级都没有涉及成语，只有到了HSK高级时才出现了成语。那么，这些是否意味着成语教学不适于儿童汉语教学呢？笔者认为就韩国儿童汉语学习者来说，成语教学可行。理由如下：

第一，四字成语大多呈"2+2"构造，加上常常出现声音的反复，节奏感强，有利于儿童学习者朗读和记忆，也能提高他们的记忆能力。

第二，四字成语内容丰富，尤其带有故事的成语，符合儿童学习者好奇心强且爱听故事的特征，能使他们集中注意力并萌发对学习的兴趣。

第三，韩国儿童在汉语课堂之外也学习四字成语。韩国已经出版了很多有关儿童成语教学的书籍。笔者在韩国最大的图书网上输入"儿童四字成语"时检索到131本相关的图书。这充分证明，以韩国儿童为对象的汉语教学可以采用成语教学法。

第四，根据"迪科－凯利"的教学系统模型（图11-1），可知教学系统包括"教学目标设定""教学分析""学习者特性分析""达成目标陈述""评

价方法开发""教学战略开发""教学材料开发和选定""形成评价""教学方案修正""总评价"十个部分。

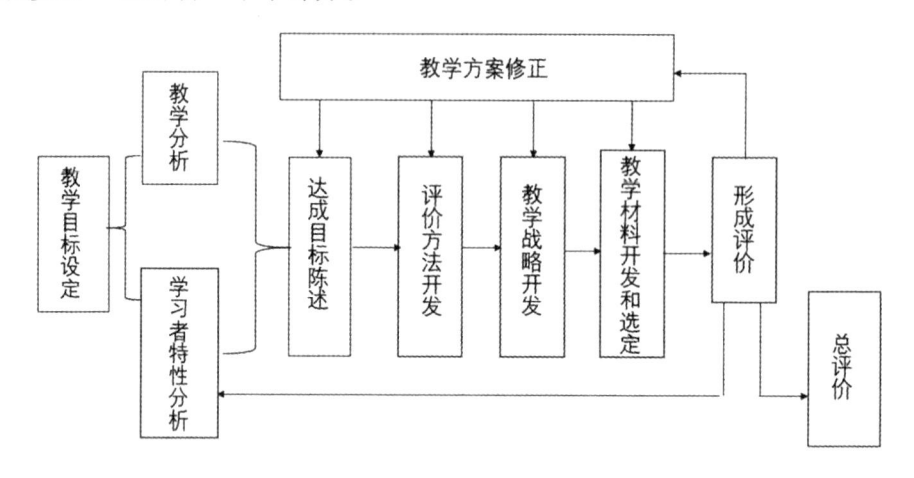

图 11-1 "迪科-凯利"的教学系统模型（DICK W.et al，2016）

其中，第一个部分就是"教学目标设定"。"教学目标设定"与"学习者特性分析""教学分析"直接相关。四字成语教学在韩国儿童汉语教学中是否可行与学习者的特性和教学的目标相关。上面已经提到四字成语教学符合儿童学习者的特性，那么四字成语教学的目标该如何设定呢？笔者认为这与儿童汉语教学的目标是基本一致的。于是，参考了一些能体现韩国儿童汉语教学目标的相关资料。比如，민혜영（2013）对96家保育院和幼儿园的院长和教师进行问卷调查后发现有关初期汉语教育目标这一问题的回答中，"诱发汉语学习的兴趣和动机"排第一位，"培养对新的语言和文化的好奇心"排第二位，"培养对他国的亲近感"排第三位，此外还有"培养基础交流能力""了解中国文化""培养国际化人才""习得正确发音"等回答。再如，2015年韩国初、中等学校第2外语教育大纲提出了儿童汉语教学的"文化"目标，即理解与日常生活相关联的中国文化，将其用于基础意思表达；通过多样化的活动，让学生体验中国文化，并将中国文化与本国文化相比较，使学生具备尊重文化多样性的态度。大纲还在注意事项中特别注明必要时可以使用学习者的母语来进行说明。由此可知，韩国儿童汉语教学不仅重视基础的意思表达，还重视对文化的尊重和理解。大部分儿童教育工作者把培养儿童学习者对汉语和中国文化的兴趣和亲近感作为主要教学目标。因此，笔者认为韩国儿童汉语四字成语教学可行，而且其教学目标可以设定如下：①培养儿童学习者对汉语和中国文化的好奇心和兴趣。②练习并正确掌

握汉语发音。③了解四字成语的故事,理解其意思并能将其与日常生活联系。④熟悉并能认读四字成语包含的汉字。⑤培养学习者的文化敏感性,意识到中、韩语言与文化的相似性和差异。

所谓"好的开始是成功的一半",教学目标设定好了,后面的环节也可以推进了。

二、韩国儿童汉语教学之四字成语的"选"与"用"

"四字成语"数量庞大,用于韩国儿童汉语教学的四字成语该如何选择呢?这个问题需要与四字成语教学法的运用结合起来讨论。对于四字成语的"选"与"用",笔者有两种思路。

第一种思路是关注儿童学习者对声音的敏感性和对韵文的喜好,效仿经传教学法,通过诵读与记诵让儿童学习者体验汉语声音的乐趣并帮助他们练习发音,培养语感,熟悉汉字,提高记忆能力。这种思路下产生了两种方法。一种是选用一些押脚韵的四字成语,编成韵律整齐,朗朗上口的四字成语歌,让学生反复诵读和背诵,比如,"乘风破浪、得意扬扬、神采飞扬、气宇轩昂、风流倜傥、安然无恙、贻笑大方、李代桃僵……"都是押"ang"韵。"一本正经、杯弓蛇影、人杰地灵、纸上谈兵、如履薄冰、含沙射影、孤掌难鸣、拔山举鼎……"都是押"ing"韵。另一种是借用"成语接龙"的形式,选取一些在音节上可以构成"首尾相连"的四字成语,比如"叶公好龙、龙马精神、神采飞扬、扬眉吐气、气味相投、投桃报李……","凿壁借光、光阴似箭、剑拔弩张、张三李四、四面楚歌、歌舞升平、平步青云……"这些成语环环相扣,连接在一起,就犹如采用顶真法编写的童谣,既有趣又易于记忆。由于两种方法都对音韵有要求,所以选择"四字成语"的时候考虑更多的是音节的关联和韵字。

第二种思路是关注儿童学习者爱听故事的特点,最好选择故事成语。可供选用的故事成语分三种类型。第一类,寓言成语。寓言是含有讽喻或教训意义的故事,是口传文学的一种。每个国家都有寓言故事,几乎每个儿童都听过寓言故事,喜欢听寓言故事。寓言故事的主人公可以是人,也可以是拟人化的动物或其他事物,这与儿童的特征相符。如我们所知,儿童有着细腻的情感和丰富的想象力,他们一般不区分"我"与"我"以外的世界,在他们眼里世界上的一切都是有生命的。我们经常可以看到儿童在日常生活中和动物、植物或其他事物对话或做游戏。笔者9岁的女儿还时常会与她的大熊玩具对话,甚至在一次长时间旅居后归家时,抱着她的大熊玩具哭了5分钟，边哭边诉说对它的思念。就儿童的这一特点来看，生动有趣的寓言足以唤起儿童的注意力和兴趣。比如，"坐井观天""井底之蛙""狐假虎威""刻舟求剑""守株待兔""揠苗助长""叶公好龙""自相矛盾""掩耳盗铃""画蛇添足""南辕北辙""滥竽充数""涸辙之鲋""亡羊补牢""杯弓蛇影""买椟还珠""鹬蚌相争，渔翁得利""夜郎自大""对牛弹琴""黔驴技穷""杞人忧天""庖丁解牛""望洋兴叹""愚公移山""螳螂捕蝉""按图索骥""惊弓之鸟""瓜田李下""精卫填海""塞翁失马""郑人买履"等都属于这类成语。以"鹬蚌相争，渔翁得利"为例，其具体运用方案如下：

①读图。把图11-2展示给儿童学习者，让他们先说说对图的理解和想象。

图11-2 鹬蚌相争，渔人得利

②播放一遍"鹬蚌相争"的中文视频。

③再播放一段"鹬"的韩文视频，如图11-3所示，并引导学习者思考成语意思，然后说明成语的意思。

图11-3 "渔翁之利"韩文视频

第十一章　四字成语教学法

④将"鹬蚌相争，渔人得利"以汉字形式展示给学习者。并让学习者按照"2+2"结构，反复跟读和背诵"鹬蚌 / 相争，渔人 / 得利"。

⑤利用闪卡学习字词。如图 11-4 所示。注意反复朗读和背诵。

图 11-4　"鹬蚌相争，渔人得利"之字词闪卡

⑥让学习者联想一下生活经验，说说自己或身边的"鹬蚌相争，渔人得利"的小故事。如图 11-5 所示。

图 11-5　"鹬蚌相争，渔人得利"之生活联想

⑦做练习。请学习者从图 11-6 中选出"鹬蚌相争，渔人得利"，并把它大声读出。

175

图 11-6 "鹬蚌相争，渔人得利"练习

⑧按"鹬蚌相争，渔人得利"的正确顺序排列汉字闪卡。

第二类，笔者认为能与韩语中的四字成语、韩国寓言故事或韩国民间童话建立链接的四字成语。这是在参考了韩国现有的儿童四字成语相关书籍，比如，《初次遇见成语》《四字成语中的四字世界》《教科书传来童话阅读》《教科书里的民间童话》等基础上提出的。其理由有二；第一，利用韩国的寓言故事或民间童话向学习者传达汉语四字成语的意思，不仅可以解决语言理解上的困难，还可以使学习者将新知识与已有经验相联系，更快地完成大脑中的图式再建构，进而提高学习效率，优化学习效果；第二，韩国儿童学习者可以通过这种链接学习的内容和方式实现汉文化和韩文化的双向学习，进而加强语言－文化的意识和对中、韩语言文化关系的认识。下面表 11-1 中的四字成语就都属于这类成语。

第十一章 四字成语教学法

表 11-1 能与韩国四字成语和民间童话链接的汉语四字成语

汉语四字成语	韩国四字成语	韩国民间童话
乌鸦反哺，羔羊跪乳	反哺之孝	《호랑이형님》《북두칠성이된 일곱 형제》
临机应变	临机应变	《혹을 뗀 혹부리 영감》
刻骨铭心	刻骨难忘	《흥부에게 보답한 제비》
韦编三绝	读书三昧	《독서삼매에 빠진 선비》
情同手足		《의좋은 형제》
过犹不及		《젊어지는 샘물》
柳暗花明	柳暗花明	《삼년고개》
半斤八两	彼此一半	《자린고비와 달랑곱재기》
事与愿违		《도깨비 방망이》
苦尽甘来	苦尽甘来	《콩쥐팥쥐》
齐心协力/勠力同心	勠力同心	《팥죽할머니와 호랑이》
礼尚往来 将心比心	易地思之	《도깨비 가족》
顾全大局		《윤회와 거위》
自力更生 白手起家	自力更生 自手成家	《볍씨 한 톨》
因小失大 得不偿失 鹬蚌相争，渔人得利	小贪大失 渔夫之利	《떡 먹기 내기》
锥处囊中	囊中之锥	《먹보장군》
束手无策		《닭쫓던개지붕만쳐다본다》
杯弓蛇影 风声鹤唳 草木皆兵		《호랑이와 곶감》

以"杯弓蛇影"为例，其具体运用方案如下：

①利用带插图的童话书或网络童话视频资源给儿童学习者讲《老虎与柿饼（호랑이와 곶감）》的故事。如图11-7所示。

图11-7 《老虎与柿饼》动画视频

②提问，比如"柿饼可怕吗？""宝宝为什么听到柿饼就不哭了？""老虎为什么害怕柿饼？"等，以提问的方式激发学习者思考。

③利用带插图的童话书或网络童话视频资源给儿童学习者讲"杯弓蛇影"的故事。如图11-8所示。

图11-8 《杯弓蛇影》动画视频

④引出两个故事的共同点，并说明成语意思，即，"未搞清楚事实，而产生疑心和恐惧"。

⑤让学生大声反复地按照"2+2"结构跟读和背诵"杯弓 / 蛇影"。

⑥利用闪卡学习字词。如图11-9所示。

第十一章 四字成语教学法

图 11-9 "杯弓蛇影"之字词闪卡

⑦请学习者联想一下生活中的小故事。

⑧可以利用汉字的游戏，如图 11-10 所示，让学习者进一步熟悉和记忆字形，也可以让学生亲自动手制作"四字成语"糖葫芦，如图 11-11 所示，帮助他们加强对汉字和成语的记忆。

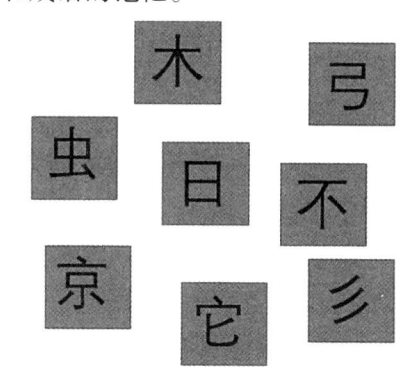

图 11-10 拼汉字

图 11-11 "四字成语"糖葫芦

179

第三类，能与《伊索寓言》建立链接的四字成语。因为《伊索寓言》不仅有汉译本和韩译本，还有很多可以利用的多媒体资源，而且大部分儿童都或多或少地听过《伊索寓言》故事，所以可以利用《伊索寓言》帮助学习者学习四字成语。这种方法在韩国有关四字成语教学的书籍中已有体现，比如，《初见四字小学》《四字成语中的四字世界》《巧用伊索寓言学俗语与四字成语》等书就已经把伊索寓言与四字成语连接，以帮助学习者有趣地学习成语。这种方法被借鉴到韩国儿童汉语教学中，其功能就被扩大了。它不仅有利于儿童学习者学习中国的四字成语，还有利于学习者关注中国四字成语和韩国四字成语的异同，从而增进双方向的文化理解。表 11-2 所示的 20 个成语都属于这类成语。

表 11-2　能与韩国四字成语和《伊索寓言》链接的汉语四字成语

汉语四字成语	韩国四字成语	《伊索寓言》
结草衔环	结草报恩	《狮子与报恩的老鼠》
自作自受	自业自得	《鹿和葡萄树》
自高自大	自高自大	《驴和赶驴人》
华而不实		《鹿角和鹿腿》
自欺欺人		《狐狸和葡萄》
近朱者赤，近墨者黑	近朱者赤	《农夫与鹳》
铁杵磨针	磨斧作针	《乌鸦与水罐》
塞翁失马	转祸为福	《猎狗和野兔》
坚忍不移	坚忍至终	《驴和它的主人》
因果报应	因果报应	《狐狸和仙鹤》《马和狮子》
进退两难	进退维谷	《行人与斧子》
覆水难收	覆杯之水	《穷人与蛇》
悠然自得	悠然自适	《乡下老鼠和城市老鼠》
易地而处	易地思之	《男孩和青蛙》《狐狸和仙鹤》
邪不犯正	邪不犯正	《小偷和狗》
羊头狗肉	羊头狗肉	《没有尾巴的狐狸》
三人成虎	三人成虎	《狗与羊》
言之无理	语不成说	《小羊羔和狼》
袖手旁观	袖手旁观	《大意的羊群》
临机应变	临机应变	《小山羊与吹箫的狼》

第十一章　四字成语教学法

以"易地而处"为例，其具体运用如下：
①展示"易地而处"四字，让学生反复跟读。
②给出相应的韩国四字成语"易地思之"，让学生反复跟读。
③让学生看图11-12，说说自己看到的和想到的。

图11-12　《狐狸和仙鹤》动画视频

④给学习者播放《狐狸和仙鹤》的中文和韩文动画视频，如图11-13所示。各播放一遍。

图11-13　《狐狸和仙鹤》动画视频

⑤根据动画视频内容提问，比如，"狐狸为什么用浅浅的圆盘子装食物给仙鹤吃？""仙鹤为什么用细长细长的瓶子装食物给狐狸吃？"等。通过问答环节引导学习者思考成语意思，然后说明成语的意思。

⑥请学习者联想一下生活中的小故事。然后与学习者一同欣赏寓言故事绘本《男孩和青蛙》，如图11-14所示，并请学习者说说这个故事和成语

的联系。

图 11-14 《男孩和青蛙》绘本

⑦再让学习者反复朗读并背诵成语"易地而处"。

⑧进行"青蛙变王子"四字成语游戏，如图 11-15 所示，让学习者按正确顺序将成语中的四字排列或让他们选择汉字补完成语。有趣的游戏可以帮助学习者巩固所学知识，熟悉汉字，加深对成语的记忆。

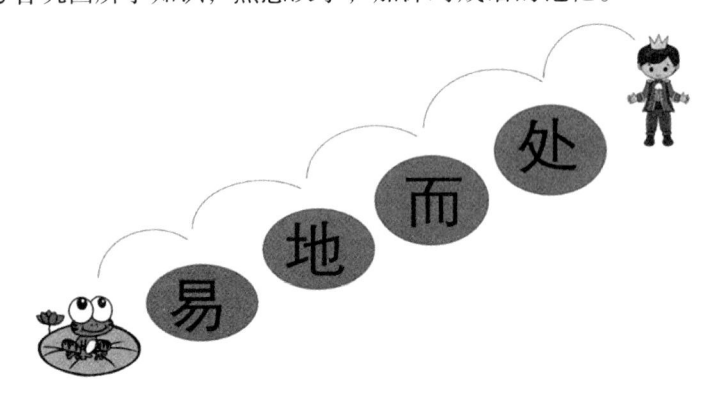

图 11-15 "青蛙变王子"四字成语游戏

以上内容均为笔者实际教学过程中运用过的案例。四字成语不仅可教给儿童汉语学习者，而且还可以有趣地教。如此内容丰富、形式灵活的四字成语教学法不仅可以激发儿童学习者的兴趣，还能帮助他们建立起汉语－汉字－文化基础。通过以上的教学方法和运用过程的展示，表明四字成语教学在促进儿童学习者多元智能的平衡发展，帮助他们形成健全的人格品质方面也有积极意义。

结　语

　　儿童汉语教学也是汉语启蒙教育。如果把汉语教学比喻成种庄稼，那它就是一个播种阶段，这一阶段对庄稼未来的成长起着至关重要的作用。由于语言与文化本就不可分离，所以在儿童汉语启蒙阶段就应该重视给儿童学习者播下语言与文化的种子。俗话说"三岁看大"，在儿童汉语教学中也是同样的道理。儿童学习者若从一开始就通过文化语言材料学习汉语和中国文化，经过日积月累，自然就能产生文化理解力和包容力，并逐渐形成语言建构能力和跨文化交际能力。因此，以儿童为对象的汉语教学不能只着眼于汉语语言教学，还应具备文化的眼光，重视语言-文化通合教学。文化视角下探究出的儿童汉语教学法是以学习者为中心的教学法。它充分地关注了儿童的特点和成长的需求，考虑了儿童学习者的学习目的及其所处的环境和语言文化背景。

　　儿童有别于成人，他们的注意力、理解力和记忆力相对较弱，但听觉和视觉能力发达，再认能力较强，情感过滤低，善于模仿。所以应该利用他们强大的听觉、视觉和再认能力，多采用鲜明直观的视觉材料、带有音乐美的听觉材料、富含文化内容的语言文字材料反复地听、读、看来吸引儿童学习者的注意力，培养他们的理解能力和提高他们的记忆力。上面提到的教学法都符合儿童的这些特点。

　　儿童汉语教学不仅是汉语教学，也是对儿童的教育。儿童是成长中的儿童，其教育必须关注儿童的成长。语言能力的发展只是儿童成长的一个方面。文化视角下的儿童汉语教学法给予儿童成长更多的关怀。比如，以最美的文学语言和最动听的音乐语言来培养儿童对语言的感知能力；以凝聚中国优秀传统文化思想的语言材料让儿童学习者接触中国文化，感受中国语言与文化的关系，同时帮助学习者发展健全的人格；通过丰富多样的教学材料、教学形式和多层次的教学环节促进儿童学习者多元智能的发展；通过文化比较，培养儿童学习者的文化意识和对多元文化的理解。

文化视角下的儿童汉语教学法探究

儿童学习者学习汉语的目的并不明确。他们学习汉语的原因主要有两种：一种是出于自身对汉语和中国文化的兴趣，一种则是出于父母的希望。他们的学习不具有功利性，所以儿童汉语教学不应"急功近利"，而应把目光放长远一些，稳扎稳打，循序渐进。于此，儿童汉语教学法应该重视三点：一是培养和维持儿童学习者对汉语和中国文化的兴趣；二是培养学习者的基础语言文字能力，如帮助学习者掌握正确的发音、形成良好的语感和听辨能力、积累一定的词汇量、认读基础汉字等。三是帮助学习者提高记忆力、语言学习能力和文化理解力。只有在文化视角下，利用包含中国文化思想和特点的语言材料，能实现语言-文化通合教学的方法，才能达到这三点目标。

儿童学习者所处的学习环境和语言文化背景不尽相同。如何有针对性，如何更有效地进行汉语和中国文化教学，这就要求教育者必须在文化视角下分析学情、思考教学内容和方法。教育者的"文化视角"就要同时将学习者所在国家的汉语教学环境、学习者的母语和文化、汉语和中国文化全部纳入进来。从语言与文化的差异与联系中寻找突破点，或借助中间物来进行比较和搭建桥梁，总之，就是要通过带着文化视角的观察来探究最有效、最具有个性化的教学法。比如本书中提到的童谣教学法中的汉语童谣与韩语童谣、经传教学法、四字成语教学法都是在韩国学习者母语及母语文化与中国语言文化之间寻找并利用异同点，而童谣教学法中的翻译童谣，绘本教学法中的经典绘本名著以及四字成语教学法中的伊索寓言都是借助中间物在两者之间建立联系。这些教学法和相应的教学内容的选取都必须在文化视角下才能产生。所以，汉语教育者也必须具备文化的视角和文化的敏感性。

第五章到第十一章，笔者用巨大的篇幅介绍和阐述了文化视角下的韩国儿童汉语教学法。这是笔者有关儿童汉语教学的观点和思路的陈述。想必读者可以通过这部分了解到何为所谓的"文化视角"，如何在文化视角下思考教学方法和内容以及如何运用等问题。但本书也有很大局限性，比如，笔者的教学实践对象都是母语非汉语的外国儿童学习者（以韩籍为主，也有1名美籍儿童）但教学对象人数一般不超过15名，属于小规模教学实践；由于实验对象人数的限制，所以也未曾按每个不同年龄段给学生细细分级并进行更为具体的且有针对性的教学实验；另外，每种教学法对应的教学内容还不够系统化，而且在韵文部分虽然讨论了语音、词汇、语法和文化方面的习得，但还不够系统化，也未曾谈论如何将这种方式的学习与日常生活对话衔接。这些问题都有待进一步研究和探讨。因此，笔者将继续把文化视角下的儿童汉语教学法深入应用于儿童汉语教学实践，期望通过实践能发现更多问题，还将继续以文化视角对以其他国家和地区的儿童为对象的汉语教学法进行探索，期望为国别化的儿童汉语及中国文化教学开发出一些有效的方法。

参考文献

[1] CHALL J.Learning to read：the great debate[M].New York：McGraw-Hill Companies，1967.

[2] DICK W，CAREY L，CAREY J O. 체계적교수설계 [M]. 김동식，역．파주：Academy press，2016.

[3] KBS1. 기억 [CD].KBSMedia，（2011）．

[4] RICHMOND，PG. 피아제이론이문 [M]. 강인언，역．서울：학지사，1995.

[5] 정현주．사립초등학교중국어정규교과과정의현황과개선방안 – 서울소재 A 사립초등학교를중심으로 -[D]. 서울：숙명여자대학교，2013.

[6] 김규진．한국에서의어린이중국어교육의현황과개선방안연구 [D]. 서울：고려대학교，2012.

[7] 김민영．어린이중국어교육연구 [D]. 부산：부산외국어대학교，2015.

[8] 김현철，이경진，김주희，등．한국초등학교의중국어교육현황조사연구：서울지역을중심으로 [J]. 외국어교육，2016（23）：249-267.

[9] 원혜경．유아교육기관에서의중국어교육실태와그효과적인방안연구 [D]. 서울：경희대학교，2007.

[10] 김보람．유아중국어교육의 실태연구：강북지역 사립유치원을중심으로 [D]. 서울：상명대학교，2012.

[11] 서금이．모국어습득과정을활용한중국어조기교육방안 [D]. 서울：숙명여자

대학교，2004.

[12] 김민수, 고영근, 이승재. 국어대사전 [M]. 서울: 금성출판사, 1991.

[13] 교육부. 누리과정: 2015-61[S]. 서울: 한국교육부, 2015.

[14] 김경희. 아동심리학 [M]. 서울: 박영사, 2003.

[15] 김세희. 유아문학교육 [M]. 파주: 양서원, 1990.

[16] 미쓰이, 다다시. 어린이와 그림책 [M]. 이상금, 역. 서울: 샘터사, 1990.

[17] 고정민. 한류포에버중국・대만편 [M]. 서울: 한국문화산업교류재단, 2010.

[18] 백희나. 달샤베트 [M]. 서울: 책읽는곰, 2014.

[19] 페리, 노들먼. 어린이문학의 즐거움 2[M]. 김서정, 역. 서울: 시공주니어, 2001.

[20] 왕양명. 전습록 [M]. 정치근, 역. 서울: 평민사, 2000.

[21] 이시이방식. 한자교육 혁명 [M]. 신채식, 역. 서울: 두뇌개발, 2002.

[22] 808 공용한자 편찬위원회. 한중일 공용한자 808 자 [M]. 서울: 중앙일보, 2015.

[23] 김호기. 단어로익히는 韩・中・日공용한자 808[M]. 파주: 다락원, 2014.

[24] 유대영, 홍거북. 마법천자문 [M]. 坡州: 아울북, 2003.

[25] 조영선, 이영호. Why 공자논어 [M]. 서울: 예림당, 2012.

[26] 김지향. 최라톤. 처음만나는 논어 [M]. 고양: 미래주니어, 2012.

[27] 손혜령, 윤승운. 맹꽁이서당논어 [M]. 파주: 웅진주니어, 2014.

[28] 채영숙. 논어（How so? 하버드대선정인문고전）[M]. 성남: 한국헤르만헤세, 2016.

[29] 이강재, 장효원. 여섯가지 주제로 들려다 보는 논어 [M]. 서울: 지경사, 2013.

[30] 표지정, 류은형. (처음만나는) 사자소학 [M]. 고양: 미래주니어, 2013.

[31] 손은주, 조선경. (사자성어로만나는) 네글자세상 [M]. 서울: 시공주니어, 2008.

[32] 김순분, 유남영. 이솝우화로 배우는 속담과 사자성어 [M]. 서울: 가문비어린이, 2016.

[33] 《语言教学与研究》杂志社. 为纪念《语言教学与研究》创刊五周年我院邀请部分语言学家举行座谈 [J]. 语言教学与研究, 1984（03）: 21-22.

[34] 艾瑞·卡尔. 饥饿的毛毛虫 [M]. 郑明进, 译. 济南: 明天出版社, 2008.

[35] 安东尼·布朗. 我爸爸 [M]. 余治莹, 译. 石家庄: 河北教育出版社, 2007.

[36] 白鹭. 澳大利亚中文教育—兼记澳大利亚中小学汉语教学的现状 [J]. 世界汉语教学学会通讯, 2012（2）: 25-26.

[37] 白希那. 月亮冰激凌 [M]. 明书, 译. 广西: 接力出版社, 2015.

[38] 蔡尚志. 儿童歌谣与儿童诗研究 [J]. 嘉义学报, 1982（12）: 13-15.

[39] 查有梁. 控制论、信息论、系统论及其对于教育科学的意义（下）[J]. 教育研究, 1984: 74.

[40] 陈诗昀. 中西儿歌的比较 [M]. 台北: 秀威资讯科技股份有限公司, 2012.

[41] 陈一, 译. 美国 27 个州中小学开汉语课 [N]. 环球时报, 2007-03-16（06）.

[42] 程裕祯. 新中国对外汉语教学发展史 [M]. 北京: 北京大学出版社, 2005.

[43] 戴祖国. 泰国中小学汉语教学现状调查研究 [D]. 昆明: 云南大学, 2016.

[44] 方菲. 新西兰中小学汉语课堂文化导入情况研究 [D]. 南京：南京师范大学，2014.

[45] 甘瑞瑗. "国别化"对外汉语教学用词表制定的背景和发展现状 [M]. 北京：北京大学出版社，2006.

[46] 郭富强. 意合形合的汉英对比研究 [D]. 上海：华东师范大学，2006.

[47] 郭绍虞. 汉语语法修辞新探 [M]. 北京：商务印书馆，1979.

[48] 郭绍虞. 照隅室语言文字论集 [M]. 上海：上海古籍出版社，2009.

[49] 汉考国际. 考生人数再创新高！2021 年第二场大规模居家网考在 49 个国家 [10] 举行 [EB/OL].（2021–05–17）.https://www.chinese.cn/page/#/pcpage/article?id=647&page=5.

[50] 黄云生. 儿童文学概论 [M]. 上海：上海文艺出版社，2001.

[51] 霍华德·加德纳. 多元智能 [M]. 沈致隆，译. 北京：新华出版社，1999.

[52] 蒋风. 中国传统儿歌选 [M]. 广西：广西人民出版社，1983.

[53] 李德成. 阅读辞典 [M]. 成都：四川辞书出版社，1988.

[54] 李欧·李奥尼. 小蓝和小黄 [M]. 彭懿，译. 济南：明天出版社，2008.

[55] 李如龙. 论汉语国际教育的国别化 [J]. 语言教学与研究，2012（5）：11.

[56] 李毓秀，童茗. 阳光宝贝翻翻卡·弟子规 [M]. 青岛：青岛出版社，2015.

[57] 连淑能. 英汉对比研究 [M]. 北京：高等教育出版社，1993.

[58] 林焘. 语音探索集稿 [M]. 北京：北京语言大学出版社，1990.

[59] 刘振前，邢梅萍. 四字格成语的音韵对称与认知 [J]. 语言教学与研究，2003（03）：48–57.

[60] 陆俭明.汉语国际传播中的几个问题[J].华文教学与研究，2013（3）：3.

[61] 吕婵.美国沉浸式小学和中文学校学生的中文阅读习得的发展研究[J].世界汉语教学，2016，30（4）：550–559.

[62] 苗强.基于多元智能理论的 K–6 混合式汉语教学资源设计[J].国际汉语教育（中英文），2009，4（1）：70.

[63] 南广佑，刘昌惇，李应百，等.国语大辞典[M].首尔：明文堂，1972.

[64] 欧芮特・博格曼.西蒙说[M].尹宁，译.长沙：湖南美术出版社，2020.

[65] 佩特・哈群斯.母鸡萝丝去散步[M].上谊出版部，译.济南：明天出版社，2009.

[66] 普洛克特.剑桥国际英语词典[M].上海：上海外语教育出版社，1995.

[67] 七田真.右脑革命[M].傅瑢，译.上海：学林出版社，2005.

[68] 钱茂伟.韩国藏本《三字经》研究[J].文献，2009（04）：162–166.

[69] 乔纳森・卡勒.文学理论入门[M].李平，译.浙江：译林出版社，2013.

[70] 全香兰，毛嘉宾.韩国汉字等级考试与针对韩国学生的汉字教学[J].华文教学与研究，2015（2）：12–18.

[71] 商务印书馆辞书研究中心.汉语成语小词典[M].北京：商务印书馆，2003.

[72] 商务印书馆辞书研究中心.现代汉语词典[M].北京：商务印书馆，2016.

[73] 申小龙.汉语人文精神论[M].沈阳：辽宁教育出版社，1990.

[74] 申小龙.汉语与中国文化[M].上海：复旦大学出版社，2008.

[75] 松居直.我的图画书论[M].季颖，译.长沙：湖南少年儿童出版社，1997.

[76] 粟裕.教育部：外国正在学习中文的人数超过 2000 万[N].中华人民共和国教

育部网，2021-06-02.

[77] 孙万萍. 台湾的儿童读经研究 [D]. 首尔：延世大学，2012.

[78] 汪冬梅. 儿童读经开发右脑潜能浅探 [J]. 科技资讯，2012（14）：237.

[79] 小学语文课程教材研究开发中心. 小学语文教科书 1-6[M]. 北京：中国人民教育出版社，2001.

[80] 小学语文课程教材研究开发中心. 小学语文教科书 1-6[M]. 北京：中国人民教育出版社，2016.

[81] 谢尔·希尔弗斯坦. 爱心树 [M]. 傅惟慈，译. 海口：南海出版公司，2003.

[82] 谢尔·希尔弗斯坦. 失落的一角 [M]. 陈明俊，译. 海口：南海出版公司，2008.

[83] 邢福义. 文化语言学 [M]. 湖北：湖北教育出版社，2000.

[84] 熊钝生. 辞海 [M]. 台北：台湾中华书局，1982.

[85] 熊亮，董梅. 二十四节气 [M]. 北京：新星出版社，2015.

[86] 徐彩华，刘璟之. 略论汉语拼音与海外儿童汉语教学 [J]. 云南师范大学学报（对外汉语教学与研究版），2016，14（5）：1-6.

[87] 徐梓.《千字文》的流传及其影响 [J]. 中国典籍与文化，1998（2）：78-83.

[88] 杨智杰.88 万吨小龙虾的饕餮之旅 [N]. 中国新闻周刊，2017-07-17.

[89] 张靖哲. 英国威尔士地区小学零起点汉字教学调查报告 [D]. 西安：西安外国语大学，2017.

[90] 赵金铭. 何为国际汉语教育"国际化""本土化"[J]. 云南师范大学学报（对外汉语教学与研究版），2014，12（2）：24-27.

[91] 赵悦.小龙虾：夏日消费的"网红".央视财经评论，2017-06-20.

[92] 中国社会科学院语言研究所词典编辑室.现代汉语词典[M].北京：商务印书馆，1998.

[93] 中外语言交流合作中心.《YCT标准课程》全新上线！[EB/OL].(2021-04-14). https://www.chinese.cn/page/#/pcpage/article?id=584.

[94] 周济.在2008年孔子学院大会上的工作报告[R].北京：全国汉语国际教育硕士专业学位教育指导委员会工作通讯，2009.

[95] 朱锦岚.德国中小学汉语教学综述及启示[J].外国中小学教育，2012（02）：61-65.

[96] 朱自强.儿童文学概论[M].北京：高等教育出版社，2009.

[97] 朱自强.儿童文学概论[M].北京：高等教育出版社，2012.

[98] 朱自强.小学语文儿童文学教学法[M].南昌：二十一世纪出版社集团，2015.

[99] 朱自强.中国儿童文学与现代化进程[M].杭州：浙江少年儿童出版社，2000.

[100] 筑波大学教育学研究会.现代教育学基础[M].上海：上海教育出版社，1986.